뉴욕시 수선화

뉴욕시 수선화

초판 1쇄 발행 2025년 10월 20일

지은이 윤관호
펴낸이 장길수
펴낸곳 지식과감성#
출판등록 제2012-000081호

교정 주경민
디자인 김희영
편집 김희영
검수 김지원, 정윤솔
마케팅 김윤길

주소 서울시 금천구 벚꽃로298 대륭포스트타워6차 1212호
전화 070-4651-3730~4
팩스 070-4325-7006
이메일 ksbookup@naver.com
홈페이지 www.knsbookup.com

ISBN 979-11-392-2859-5(03810)
값 17,000원

- 이 책의 판권은 지은이에게 있습니다.
- 이 책 내용의 전부 또는 일부를 재사용하려면 반드시 지은이의 서면 동의를 받아야 합니다.
- 잘못된 책은 구입하신 곳에서 바꾸어 드립니다.

지식과감성#
홈페이지 바로가기

뉴욕시 수선화

윤관호 수필집

작가의 말

 세상을 살면서 가보았던 곳도 적지 않았으나 가보고 싶은 곳이 너무나 많다. 일상에서 벗어나 새로운 곳에 갈 때는 설렘도 있고 여행지에서 만나는 자연과 친해지며, 주어진 환경을 개척하며 문명을 이루어가는 사람들의 모습을 보는 것은 기쁘고 흥미로운 일이다. 여행지에서 활력을 얻어 돌아오면 일상의 삶도 새로운 시각으로 바라보게 된다. 삶은 이 세상에서의 여행이 아닌가 한다. 1985년 상사 주재원으로 온 후, 뉴욕에서 살고 있다. 한국에서보다 미국에 더 오래 살았다.

 세계적인 전염병인 코로나19 사태 이후 아침마다 산책을 하며 신체건강과 정신건강을 도모하고 있다. 또한 텃밭과 꽃밭을 가꾸며 식물과 가까이하고 있다. 지금까지 보고 인식하고 사유한 것들을 수필로 표현한 글들을 모아 세상에 내놓으려니 부끄러움이 앞서나 공감하는 독자들이 있으리라는 희망과 용기를 가져본다. 한국일보 뉴욕판 오피니언 란에 실은 글들과 문학지들에 실린 나의 졸필을 보고 격려해 주신 분들과 수필집을 읽고 공감하실 모든 분들께 감사와 우정을 드린다.

2025년 8월
뉴욕에서 **윤관호**

차례

작가의 말   5

1부 | 오클랜드 호수공원의 봄날

발렌타인 데이	14
오클랜드 호수공원의 봄날	17
뉴욕시 수선화	19
사가모어 힐 미국립사적지	23
미국 유학	26
백조 새 생명의 기적	29
샌프란시스코 여행	34
작곡가 스티븐 포스터	37
옐로스톤 국립공원 여행	40
존스 비치	44
밴쿠버 여행	47
사과 따기	50
세인트 패트릭스 데이	52
데스밸리 미국립공원	55
록키마운틴 국립공원 여행	58

2부 | 산책의 즐거움

새해와 시작	64
2025년 설날과 입춘에	66
미국 흑인 역사의 달	69
3월은 수줍은 청년	71
산책의 즐거움	73
작은딸의 꿈의 여정	77
시카고 여행	82
사랑의 친교	85
뉴질랜드 여행	88
싱가포르 여행	91
무궁화 사랑	94
야구 관람	97
2022 유에스 오픈 테니스 관람	99
미네와스카 뉴욕주립공원 산행	102
누구에게나 필요한 휴가	105
범사 감사	108

| 3부 | 텃밭과 꽃밭 |

계묘년 새해에	112
새해 첫 산행	114
정월 대보름에	116
3월에 유관순 열사를 기리며	119
경칩에	122
텃밭과 꽃밭	124
10년 만에 고국 방문	126
기묘한 인연	130
여름날의 소나기처럼	134
학창 시절 사진	137
양수리	139
철원과 한탄강 주상절리	142
케이크	145
발전된 조국의 모습들	148
한국과 일본과의 발전적 관계	151
진주는 빛나는 보석	154

4부 해외에서 한글 글쓰기와 디아스포라

겨울 산행	160
관습의 발전적인 변화	163
기본적인 형법의 원칙들	165
해외에서 한글 글쓰기와 디아스포라	168
나의 작품 세계	172
미국 동부지역의 한글 문단	176
식목일 단상	181
연극	183
설악산 여행	186
교우들과의 산행	189
폭설	192
대조적인 여인들의 모습	195
펜실베이니아 농장 방문	198
김광석 새 뉴욕한인회장과 한인회에 바란다	201
큰딸	204
아내	207
자랑스러운 내 조국	209
크리스마스 스펙타큘러	212

| 5부 | 하나님의 은혜 |

고난받는 자와 함께	218
관습과 관행을 뛰어넘어	222
로고스로 받은 은혜	226
큰처남 별세에	228
바이올린 선생	230
믿는 사람	234
어느 주일 하루	237
어머니 사랑해요!	241
회상	246
처고모를 보내드리며	250
김은자 시인 출판기념회에	254
박원선 선생님 서화전에	257
소병임 선생님 영전에	260
양정숙 수필가에 대한 회고	262
이춘희 작가 출판기념회에	265
황미광 시인 출판기념회에	269
찬양대원으로 받는 은혜	272
크리스마스 선물	275
하나님의 은혜	278

작품 평설

윤관호의 이민 문학과 인생 서사의 통섭 286
_박양근(문학평론가, 부경대 명예교수)

1부
오클랜드 호수공원의 봄날

발렌타인 데이

오클랜드 호수공원의 봄날

뉴욕시 수선화

사가모어 힐 미국립사적지

미국 유학

백조 새 생명의 기적

샌프란시스코 여행

작곡가 스티븐 포스터

옐로스톤 국립공원 여행

존스 비치

밴쿠버 여행

사과 따기

세인트 패트릭스 데이

데스밸리 미국립공원

록키마운틴 국립공원 여행

발렌타인 데이

  오늘따라 꽃가게, 카드가게, 초콜릿 판매점에 사람들이 유난히 들락날락하는 것이 보였다. 같이 근무하는 오십대의 미국인 동료 존과 스탠리가 오늘 발렌타인 데이에 부인에게 줄 카드를 샀다면서 마음이 들떠 있었다. 많은 사람들이 카드를 사 갔으니 다 팔리면 어떡하느냐고 내게도 아내에게 줄 카드를 빨리 살 것을 권유했다. 나는 발렌타인 데이를 지키지 않으며 아내를 사랑하면 되는 것이지 구태여 카드를 주어야만 되는 것이냐고 말했다. 그들은 절대로 그렇지 않다며 카드를 주면 아내를 더욱 기쁘게 하며 뭔가 다르게 하는 것이라고 얘기했다.

  미국에 온 지 17년이나 되었다. 발렌타인 데이를 2월 어느 날 젊은 연인들끼리 초콜릿이나 꽃을 주고받으며 사랑을 고백하는 날 정도로만 알고 있었다. 나는 존과 스탠리처럼 나이가 많이 든 남자들도 부인에게 카드를 주는 것인지를 몰랐다. 정확한 날짜도 모르고 있었다. 확신에 차서 말하는 그들의 모습을 보며, 발렌타인 데이에 카드를 주는 것에 무엇인가 좋은 것이 있기에 저들이 저러겠구나 생각했다. 열린 마음으로 겸손히 그들의 권유를 받아들이기로 했다.

퇴근 후 집 근처 동네 잡화점에 가서 카드 두 장을 샀다. 한 장은 어머니를 위해 또 한 장은 아내를 위해 샀다. 어머니용 카드들은 많이 눈에 띄었으나, 아내용 카드는 이미 꽤 많이 팔렸는지 얼마 남아 있지 않았다. 꽃가게는 그야말로 연중 최고의 대목을 보고 있었다. 꽃 한 다발이 너무 비싸 다발로 사는 것을 포기하고 노란 장미 한 송이와 빨간 장미 한 송이를 샀다.

집에 와 우선 손에 들고 간 장미꽃부터 선사했다. 어머니에게 노란 장미 한 송이를 드리니 웃으시며 "발렌타인?" 하시는 것이었다. 나는 어머니가 발렌타인 데이를 알고 계신 것에 대해 속으로 놀랐다. 대학을 둘씩이나(YWCA 노인대학과 후러싱 제일교회 경로대학) 다니신 어머니가 왜 모르시겠나 이내 생각했다. "네. 오늘이 발렌타인 데이예요. 그래서 어머니 드릴 꽃 한 송이와 서영 엄마 줄 꽃 한 송이 샀어요." 했더니 어머니는 잘했다고 하시면서 웃으셨다.

조금 후 직장에서 돌아온 아내에게 빨간 장미 한 송이를 주었다. 아내도 웃으면서 좋아했다. 방에 들어가 카드에 약간 고심하여 적은 후 샤워를 하고 나온 아내에게 카드를 주었다. "사랑하는 당신, 하나님께서 당신처럼 훌륭한 아내를 주시어 나를 축복하셨습니다. 언제나 당신의 행복을 빌고 있는 남편 윤관호."

카드의 위력은 꽃 한 송이의 위력보다 더욱 강력하게 나타났다.

아내는 "당신한테 카드를 처음 받네." 하며 매우 기쁜 표정으로 포옹을 하려 달려들었다. 잠시 동안 방 안에서 웃으며 도망 다니다가, 아니지 하고 가볍게 받아주었다. 이렇게 좋아하는 것을 보니 그동안 아내에게 고생만 시키면서 카드 한 장 주지 못한 것이 너무나 미안했다. 어머니께 드릴 카드를 아내에게 보여 주었다. 그 카드에는 아내의 이름도 들어 있으므로 아내에게 먼저 보여 주는 것이 순서라고 생각했기 때문이다. 아내가 내용이 괜찮다며 웃었다.

"어머니, 항상 여러 가지로 돌보아 주시고 베풀어 주시는 사랑에 감사드립니다. 부디 건강하시고 기쁜 나날이 되시기를 하나님께 기도드립니다. 작은아들 내외 관호와 인숙 올림." 어머니께 카드를 드리며 이번에는 내가 먼저 따뜻하게 껴안아 드렸다. 어머니는 감격해 하시며 웃으셨다.

어머니의 크게 즐거워하시는 모습을 보고 흐뭇해지려는 순간 나는 자신이 너무나 부끄러워 회개했다. 연로하시고 불편한 몸으로 언제나 정성껏 나와 가족을 돌보아 주시는 어머니. 고맙게 생각하면서도 그렇게 하시는 것이 마치 당연한 것처럼 무감각해졌었다. 감사와 사랑의 표현을 하지 않고 지냈었다. 모처럼 불효자식에게서 받으신 장미 한 송이와 카드 한 장에 저토록 감격하시다니 나의 잘못이 너무나 크다고 생각했다.

이웃에게도 작은 사랑의 표시 하나 제대로 하지 못했던 허물 많은 나. 가족은 물론 이웃에게도 사랑의 표현을 하는 데 게을리하지 말아야겠다고 다짐했다.

오클랜드 호수공원의 봄날

 화창한 날, 기분을 전환하기 위해 뉴욕시 베이사이드에 있는 오클랜드 호수공원(Oakland Lake Park)에 왔다. 15,000년 된 자연 호수로 먹이가 많기 때문에 겨울에도 새와 물오리와 백조가 모여드는 곳이다.
 청둥오리들과 캐나다 구스(Canada Goose)들이 물 위를 노닐고 있다. 갈매기들도 물 위에서 휴식을 취하고 있다. 청춘남녀 한 쌍이 잔디에 앉아 호수를 바라보며 데이트를 즐기고 있다. 젊음은 꿈꾸고 표적을 향해 달려 나아가기 좋은 시절이리라. 한 중년 남성은 낚싯대를 물에 담그고 쭈그리고 앉아 졸고 있다. 물고기를 잡는 것이 아니라 세월을 낚는 모양이다. 엄마가 미는 유모차를 타고 온 유아는 유모차에서 나와 이리저리 뒤뚱뒤뚱 잘도 걷는다. 넘어질세라 엄마가 뒤따라가고 있다. 사랑의 보살핌을 받는 유아는 더할 수 없이 즐거운 표정이다.
 호수를 한 바퀴 돌려고 오른쪽으로 걸어간다. 수양버들 나무들이 새싹이 나와 연초록을 띠고 있다. 수선화가 청초한 모습을 보이고 있다. 노란색의 민들레꽃들과 개나리꽃들이 주위를 밝히고 있다. 나무들이 꽃망울을 틔우고 있다. 겨울에는 보이지 않던 자라들이 물 위에 떠있는 나뭇가지에 나란히 앉아 햇볕과 봄바람을 즐기고 있다. 나는 얼른 휴대전화기를 꺼내 자라들의 앙증맞은 모습을 사진에 담았다. 은발의 여인이 캔버스에 초봄의 호숫가 풍경을 수채화로 그려내고 있다. 사진기를 들고 아름다운 자연의 모습을 촬영하는 사진작가들도 눈에 띈다.

작은 갈대밭에서 백조 한 마리가 누른 갈대들 사이에 앉아 알을 품고 있다. 소중한 생명의 탄생을 위해 40일 동안 알을 품고 있어야 한다. 밤에는 추위에도 불구하고 자신의 몸으로 알들이 부화하기에 적합한 온도를 유지하며 낮이나 밤이나 헌신적인 사랑으로 알들을 돌보고 있는 것이다. 수컷으로 보이는 백조 한 마리는 기쁜 소식 전하러 가는지 물 위를 미끄러져 간다. 여러 사람들이 벤치에 앉아 맑은 공기를 호흡하며 햇볕을 쬐고 있다. 겨울 동안 움츠리고 있던 몸에 봄의 에너지를 충전하는 모습이다. 산책로를 따라 걷는 사람들의 표정이 밝아 보인다. 나는 천지에 만연한 봄기운을 느끼며 약간 냉랭하면서도 부드러운 바람을 얼굴로 맞으며 걷는다.

캐나다 구스 한 마리가 꽥꽥 소리를 내며 물 위를 박차고 올라 호수 상공을 한 바퀴 돌고 멀리 난다. 추위와 눈보라를 참고 견뎌내어 봄날을 맞은 기쁨이 넘쳐 창공을 자유롭게 날아간다. 만물이 약동하는 봄이 왔다. 나 자신을 돌아보고 깨끗한 영혼으로 앞으로 나아가는 삶을 살고 싶다.

뉴욕시 수선화

뉴욕시 베이사이드에 있는 크로체론 공원 한 모퉁이에 있는 작은 연못에 왔다. 수양버들이 연초록으로 물들고 물 위에는 청둥오리와 캐나다 구스(Canada Goose)들이 어우러져 노닐고 있다. 부근에 있는 오클랜드 호수보다 훨씬 작고 덜 알려졌지만 아담하기 이를 데 없다. 오늘 아침 일찍 연못을 한 바퀴 돌았다. 다람쥐는 내 길을 앞질러 숨겨둔 도토리를 찾는지 분주히 뛰어다닌다. 물가에는 묵직한 나무들이 쓰러져 있지만 나무줄기의 허리쯤에 새싹을 내밀고 있다. 둥치 일부가 부러져 쓰러졌지만, 땅속에 남아 있는 뿌리가 수분과 양분을 온 힘으로 빨아올려 가지에 새싹들을 돋게 하는 생명력이 놀랍다. 더 후미진 곳에는 수선화들이 웃고 있다. 그리스 신화에 의하면 나르키소스(Narcissus)라는 청년이 물속에 비친 자신의 아름다운 모습에 반해 다가가다 물에 빠져 죽은 다음 그 자리에서 수선화로 다시 피어났다는 꽃이다.

뉴욕시 수선화 사업(NEW YORK CITY DAFFODIL PROJECT)

글자가 선명한 종이가 투명한 비닐에 싸여 수선화 무더기 옆 나무에 걸려있다. 뉴욕시 수선화 사업은 3000명의 소중한 생명을 앗아간 9·11 테러 희생자들을 추모하기 위해 2001년 가을부터 네덜란드 수선화 구근업자 한스 밴 와덴버그(Hans Van Wardenberg)와 로테르담(Rotterdam)시에서 뉴욕시에 선물한 100만 개의 수선화 구근을 심으면서 시작되어 뉴욕시의 수많은 자원봉사자들이 수선화 구근을 공원, 운동장, 공터, 보도화단 등지에 심어 온 사업이다. 이 사업으로 이듬해 봄부터 뉴욕시 곳곳에서 다양한 색깔의 아름다운 수선화를 보게 되었다. 어느 도시도 수선화가 없는 곳이 없다. 일전에 나는 시카고에서 수선화 동산을 보고 아름다움에 경탄한 적이 있다. 내가 알기로 영국의 워즈워스가 겨울 추위가 사라진 봄철을 찬탄한 「수선화」라는 시도 있다. 한때 비탄과 분노를 일으킨 9·11 테러의 중심지였던 뉴욕이 이제 수선화 도시로 변할 만큼 그 역할이 남다르다. 꽃의 위대함이랄까.

 뉴욕에 사는 나는 타주나 한국에서 친지가 방문할 때면 월드 트레이드 센터 전망대에 올라가 남쪽의 자유의 여신상, 북쪽의 엠파이어 스테이트 빌딩 등 고층 빌딩들, 동쪽의 브루클린, 서쪽의 허드슨강 넘어 뉴저지 등 주위를 둘러보게 했다. 세계무역센터는 뉴욕시를 세계 상업의 중심지로 만들겠다는 계획에 따라 7개 건물로 건축된 복합업무단지였다. 110층 쌍둥이 빌딩이 건축 당시 세계에서 가장 높은 건물이었다. 최대 수용 인원은 2만여 명이었으며, 하루 유동 인구는 15만 명이었다. 9·11 테러로 도시 정도의 인구가 생활하던 쌍둥이 빌딩과 주변 건물들이 무너져 내려 인류에게 큰 충격을 주었다. 특히 미국인들에게는 침략을 받은 도발 행위로 분노가 치밀어 오르는 참사였다.

하지만 뉴욕 주민들은 분노를 삼키고 꽃의 아름다움으로 미래를 향해 상처를 치유하고 사랑으로 인류애를 구현하려 한다. 수선화 사업은 최근에는 9·11 테러 희생자뿐만 아니라 미국에서 제일 많은 코로나19 사망자를 낸 뉴욕시에서 코로나19 희생자도 기리고 있다. 해마다 심는 수선화가 기하급수적으로 늘고 있다. 독립적인 비영리조직인 'New Yorkers for Parks'는 9·11 테러 발생 20주년인 2021년에 수선화 구근 100만 개를 무료로 기증했으며 이제까지 모두 900만 개를 기증했다. 내가 사는 동네에서도 봄철에는 집 안팎에서 수선화가 미소 짓는다. 산책길 언덕에도 수선화가 많아, 나는 이곳을 '수선화 언덕'이라고 부르며 수선화에 대한 시 두 편을 지었다. 교외뿐만 아니라 고층 빌딩이 즐비한 맨해튼 거리 화단에서도 봄에 수선화를 쉽게 볼 수 있다. 2007년 4월 블룸버그 시장은 수선화를 뉴욕시 공식 꽃으로 선정하였다.

나는 연못 주위를 한 바퀴 돌아 황금 연못(GOLDEN POND) 표지판 앞에서 걸음을 멈추고 사방을 둘러본다. 청둥오리들이 춤추는 듯 물 위를 흐르고 캐나다 구스들이 한가로이 풀을 쪼고 있다. 나무에 앉았던 새가 창공으로 날아가는 모습이 마치 하늘을 나는 조그만 비행기처럼 여겨져 손을 흔들어 주었다. 연못 네 군데 모퉁이에 모여 있는 수선화들이 소프라노, 알토, 테너, 베이스로 나

뉘어 봄의 찬가를 합창하는 것 같다. 지휘자는 보이지 않으나 내 귀에 봄의 찬가가 들리는 듯하다. 이 연못이 이름 그대로 평화와 행복이 깃들 황금 연못으로 불릴 만하다.

수선화는 이른 봄에 새싹이 나와 가냘파 보이지만 차가운 바람에도 잘 견디는 강인함과 서글픔을 동시에 지니고 있어서인지 더욱 청초하고 밝게 피어난다. 입춘 무렵에 새싹이 일찍 나와 때로 눈에 덮여도 추위를 이겨내기 위해 안간힘을 다하는 모습은 갸륵하다. 역경을 극복하고 주위를 밝혀 보는 사람들에게 희망과 용기를 주는 꽃이 뉴욕 수선화다. 노란 수선화의 꽃말은 좋아하는 사람을 잊지 못해 다시 돌아오기를 바라는 마음을 의미하며, 하얀 수선화는 존경을, 주홍 수선화의 꽃말은 희망이다. 뉴요커들이 수선화를 볼 때마다 사랑의 그리움을 되살리고 서로를 신비로운 존재로 여기고 존경하고 희망으로 화평스러운 사회를 만들어 가기를 기대한다. 뉴욕시 수선화 프로젝트는 사람들의 가슴에 이런 꽃말을 피우는 아름다운 사업이라 아니 할 수 없다. 그야말로 황금처럼 소중한 사업이다.

사가모어 힐 미국립사적지

　사가모어 힐(Sagamore Hill)은 미국의 26대 대통령 시어도어 루즈벨트(1858년 10월 27일~1919년 1월 6일)가 1885년부터 1919년 서거할 때까지 살던 집이다. 정원과 숲과 소금습지, 비치도 딸려 있다. 뉴욕주 롱아일랜드 북쪽 해안인 오이스터만 부근에 위치해 있다. 시어도어 루즈벨트(Theodore Roosevelt)가 이곳을 원주민 부족 말로 지도자란 사가모어 이름을 따서 사가모어 힐(Sagamore Hill)이라 불렀다. 미국립사적지이며 기념관도 있다. 빅토리안 양식의 저택 안에는 대통령 재임 시기(1901년 9월 14일~1909년 3월 4일)에 있었던 가구와 장식품이 놓여 있다. 사냥을 좋아하던 그가 사냥한 표범 가죽과 곰 가죽, 박제된 사슴도 있다. 사가모어 힐은 그의 대통령 재임 기간 동안 하계 백악관으로 불리었다. 이곳에서 중요한 일들이 행해졌으며 러일전쟁의 종식을 위한 고위급 외교회담도 열렸다.

　그는 수십 권의 책을 저술한 작가이기도 하다. 스페인과의 전쟁에 민병대를 조직하여 참전했고 뉴욕 주지사도 했다. 1901년 9월 14일 매킨리 대통령이 암살되어 부통령이었던 그가 42세에 최연소 대통령이 되었다. 선거에서의 승리를 통한 대통령 취임은 1905년에 이뤄졌다. 그는 트러스트를 통해서 과도하게 성장한 존 피어폰 모건, 앤드루 카네기, 록펠러 등의 대기업들을 셔먼 독점금지법으로 통제했다. 1906년에는 '헵번 법'을 제정, 주간 통상규제위원회에 최고운임 설정기능을 부여하여 철도 운임 요금을 규제하게 했다.

그는 산림청의 권한을 확대하고 2천여 개의 댐 건설사업을 백지화하거나 인허가를 취소했다. 무분별한 개발에 대한 통제를 강화하고 토지보호와 자연보호 정책을 추진하여 거대한 면적의 연방소유지가 개발제한구역과 개발금지구역으로 책정되었다. 그 외 지역에는 토지수용이나 연방정부에서 매입하는 정책으로 국립공원은 2배로 증가했고 16개의 관광지와 51개의 야생서식지가 생겼다. 식품의약규제법을 제정하게도 했다.

외교정책은 팽창주의로 중남미로 적극적으로 진출했고 1904년부터 파나마 운하 건설을 추진했다. 1905년 7월 27일 일본 도쿄에서 미국 육군장관 윌리엄 태프트와 일본 총리 가쓰라 다로 사이에 만주와 조선에서의 일본의 보호를, 필리핀에서의 미국의 보호를 상호 인정한다는 '가쓰라-태프트 밀약'이 이뤄졌고 7월 31일 그가 추인했다. 동아시아에서의 세력균형을 통한 미국의 국익을 도모했으나 일제의 한반도 강점을 가속화한 그의 과오이다.

러일전쟁 종식에 기여한 공로로 1906년 현직 대통령 최초로 노벨평화상을 받았다. 첫 부인인 앨리스 사이에서 1녀, 상처 후 부인 에디스 사이에서 4남 1녀를 두었다. 넷째 아들은 1차 세계대전에 참전하여 1918년 전사했다. 장남과 2남, 3남은 1차, 2차 세계대전에 모두 참전했고 장남은 프랑스 전선에서 심장마비로 사망했다.

사가모어 힐 미국립사적지를 방문하여 미국 역사에 큰 획을 그은 시어도어 루즈벨트의 발자취를 보는 것도 뜻깊은 일이리라.

미국 유학

　내가 한국에서 공부할 때만 해도 미국 유학생이 매우 적었다. 나는 미국으로 3주 동안 연수를 간 친구를 부러워하기도 했다. 나라가 발전하여 국민소득이 높아진 후, 미국 유학생 수가 기하급수적으로 많아졌다. 해외유학 중 가장 높은 비율을 차지하는 미국 유학을 갔다 오지 않고는 대학교수 되기도 어려워졌다. 미국의 국제교육원에서 발표한 2023~2024학년도 미국 고등교육기관에 등록한 해외 유학생 수는 1,126,690명으로 전년도 대비 6.6% 증가했다. 코로나19 사태 이후 감소했던 수요가 회복되고 있다. 졸업 후 실무 경험을 제공하는 선택실무교육 프로그램에 참가하는 유학생 수가 22% 증가했다. 대학원 과정의 유학생 수도 전년 대비 7.6% 증가한 502,291명이다. 전문적인 연구와 학업을 위한 유학이 지속적으로 관심을 끌고 있다. 학부 과정 유학생 수는 1.4% 감소한 342,875명을 기록했다. 2008~2009년 이후 미국 내 해외 유학생 수에서 중국에 1위를 내주었던 인도가 작년 대비 29.4% 증가

해 1위를 되찾았다. 2023~2024학년도 동안 미국 내 한국인 유학생 수는 43,149명으로, 전년 대비 1.6% 감소했다. 한국은 유학생 수 기준으로 인도와 중국에 이어 3위를 지키고 있다. 선택적 실습 교육에 참여하는 한국인 유학생은 전년 대비 17% 증가하여, 미국 내에서의 실무 경험에 대한 높은 관심을 나타내고 있다.

지난 3월에는 컬럼비아 대학교 3학년에 재학 중인 한인 학생이 이스라엘의 가자지구 정책에 반대하는 집회에 참석했다는 이유로 체포되고 추방 명령을 받았다. 15년 전에 한국에서 가족과 함께 미국으로 이민 와서 영주권을 갖고 합법적으로 거주했던 이 학생은 소송을 제기하여 연방법원의 가처분 결정으로 석방되었다. 트럼프 미국 대통령은 세계적으로 명문인 하버드대에서 공부하거나 교환 프로그램에 참여하고자 하는 외국인의 입국을 중단해 국가 안전을 보호하는 포고문에 서명했다. 이에 따라 하버드대의 새 학생이 F(유학)·M(직업 훈련)·J(방문 연구) 비자를 통해 이민자가 아닌 상태로 미국에 오는 것이 중단된다. 트럼프 대통령은 하버드대에서 진행하는 학업 과정이나, 하버드대가 주최하는 교환 방문자 프로그램에 참여하기 위해 미국에 입국하려는 외국인의 입국을 제한할 필요가 있다고 판단했다고 했다. 이 조치는 일단 6개월간 유지될 것으로 전해졌다. 하지만, 6월 20일 매사추세츠 연방법원은 국토안보부가 하버드대에 내린 학생 및 교환방문자 프로그램 인증 취소 조치에 대해 예비금지명령을 내려 재판이 진행되는 동안 이 조치는 시행될 수 없게 됐다.

미국 정부는 지난 4월부터 하버드대에 대한 약 27억 달러의 연방 지원금 지원을 취소하고, 세금 면제 지위 박탈을 국세청에 요청했다. 하버드대학교는 이에 "우리 대학은 물론 이 나라를 매우 풍요롭게 해주는, 140여 개국에서 온 유학생과 학자들을 지키고자 최선을 다할 것"이라고 했다.

많은 나라에서 많은 유학생들이 미국에 와서 선진학문을 배우고 자기네 나라에 돌아간다. 모국에 가서는 미국에서 배운 지식을 활용하여 학교에서 학생들을 가르치기도 하고, 연구소에서 연구를 계속하기도 하며, 산업계에서 나라 발전을 위해 이바지해 오고 있다. 한국에서 온 미국 유학생들이 학업을 마치고 돌아가서 한국의 여러 분야에서 눈부신 발전을 하는 데 기여한 바도 매우 크다. 미국에서 교육을 받은 상당수의 유학생들은 미국에 남아 미국의 발전을 위해 일하고 있다. 미국 유학생들이 미국과 출신국의 발전을 위해 일함으로써 세계발전에 공헌해 오고 있다. 미국은 치열한 자유경쟁을 통한 경쟁력을 확보함으로 세계 여러 나라를 이끌어가는 나라이다. 세계 각국에서 미국에 와서 선진 학문을 배우려는 해외 유학생들에게 충분한 기회를 제공하는 것이 미국의 위상에도 걸맞은 행위이며, 미국의 이익에도 도움이 되고, 세계평화와 인류공영에 이바지하는 길이다.

백조 새 생명의 기적

　내가 사는 동네에서 가까운 뉴욕시 베이사이드 오클랜드 호수(Oakland Lake)에 가면 백조 두 마리가 노니는 모습을 어김없이 볼 수 있다. 백조 한 쌍이 호수의 주인처럼 보인다. 이 호수는 자연 호수라서 물고기들이 많이 사는지 청둥오리, 캐나다 구스, 갈매기, 이름 모를 철새 등 여러 새들이 와서 지낸다. 백조는 멀리서도 보일 만큼 모습이 우아하고 돋보인다. 한국에서는 천연기념물로 멸종위기 야생생물 1급으로 지정되었으며 세계적으로도 희귀한 오리과 고릭속 조류이다. 물에 있을 때 끊임없이 발을 빠르게 움직임으로 물 위를 미끄러져 다니는 것처럼 보인다. 보이지 않지만 우아한 모습을 유지하기 위해 끊임없이 노력한다. 백조는 평생 동안 한 짝을 이루어 살며 순수함, 사랑을 상징한다. 오래전에 서울에서 살 때 세종회관에서 영국 로열 발레단의 백조의 호수 공연을 아내와 결혼하기 전에 함께 본 적이 있다. 러시아의 차이콥스키가 작곡한 음악과 이 곡에 맞춰 공연된 수준 높은 발레 작품이었다. 초등학교 시절 덴마크의 작가 안데르센이 지은 백조 왕자 이야기를 재미있게 읽은 기억이 난다. 롱아일랜드 올드 웨스트 밸리 가든(Old West Valley Garden) 호수에서도 백조 한 쌍이 놀고 있는 모습을 보았다. 산책길에 바다에서 유유히 다니는 한 쌍의 백조를 보게 된다. 나는 한국에서는 동물원에서만 백조를 보았는데 미국에서는 야생 백조들을 자주 보곤 한다. 몇 년 전에는 더글라스톤 해변가 산책을 하다가 리틀넥만(Little Neck Bay)에 백조 10마리가 편대를 지어 유유히 물 위를 행진하는 보기 드문 광경을 보았다. 마치 코로나19 사태에 움츠리지 말고 당당하게 살라고 사람들에게 메시지를 전하는 것 같았다. 이날따라 휴대전화기를 가지고 오지 않아 사진을 찍지 못해 아쉬웠다. 금년 3월 말 오클랜드 호수공원에 가서 봄 풍경을 보러 한 바퀴 걸을 때 작은 갈대밭에 백조가 알을 품고 있는 모습을 보니 반가웠다. 작년에도 재작년 봄에도 사람들이 다니는 보도에서 가까운 곳에 둥지를 만들고 알을 품어서인지 알을 부화하는 데 실패했다. 지난해에 알을 품고 있던 백조가 잠시 몸을 들었을 때 달걀보다 큰 연한 갈색의 백조알 다섯 개를 보았다. 작년에 지인이 이 공원을 산책하는데 한 중국인 남자가 백조알을 손으로 갖고 나오길래 큰 소리로 가지고 가지 말라고 외치니 백조알을 다시 둥지에 갖다 놓더란다. 공원에서 사는 백조가 알을 낳고 부화시키려는데 알을 훔쳐 가는 것은 몰상식한 행위로 비난받아 마땅하다.

 이번에는 사람의 접근이 어려운 물가에서 가까운 갈대밭에 둥지를 만들어 알을 품고 있어 부화될 가능성이 크다고 보았다. 알을 낳은 지 약 40일 동안 어미 백조가 품어야 부화되어 새 생명이 햇빛을 보게 된다. 아빠 백조는 엄마 백조 부근에서 보초를 서기도 하고 호수 위를 미끄러져 가기도 한다. 알이 성공적으로 부화되기를 바라며 알을 품고 있는 어미 백조를 응원했다. 시간을 내어 자주 호수에 들러 백조가 알을 잘 품고 있는지 관찰했다. 4월은 봄이지만 기온의 변화가 심해 추운 날도 있고 비 오는 날도 많다. 날씨가 춥고 바람 불고 비 오는 날에도 둥지에서 여전히 알을 품고 있는 어미 백조를 볼 때마다 애처롭게 느끼며 고난을 견뎌내어 알들이 무사히 부화되기를 기도했다. 백조는 사람에 못지않게 모성애가 대단하다. 모든 동물에게 모성애는 새로운 생명을 출산하고 자라게 하는 데 필수적이다.

 백조들은 언제부터 이 호수공원에 이주하여 살고 있으며 자기 영역을 어떻게 평화적으로 잘 지키는지 궁금하다. 미국은 이민으로 이루어진 나라이다. 세계 각국 사람들이 와서 어울려 산다. 뉴욕시 맨해튼 거리를 걸으면 인종전시장에 온 느낌이다. 나도 머나먼 한국에서 네 살인 큰아이와 한 살인 작은아이를 데리고, 낯선 미국에 와 아이들을 키우고 때로는 다민족 사회에서 문화 충격을 받으며 수십 년을 살아왔다. 아이들이 어렸을 때 미국의 사적지인 시오도르 루즈벨트(Theodore Roosevelt) 대통령의 사저였던 곳을 방문한 적이 있다. 이때 그곳에 살던 한 남자아이가 우리 아이들을 보고 치노(Chino)라고 놀렸으나 나는 못 들은 척했다. 그 아이의 눈에는 낯선 동양인이니 중국인이라고 놀린 것이다. 서양인 성인들도 중국인과 한국인, 일본인을 잘 구별 못 한다. 우리는 한국의 고유문화를 지키면서도 다른 민족의 문화도 존중하며 살아야 한다. 내가 별로 해준 것도 없는데 아이들이 큰 탈 없이 성장하여 독립적으로 살며 손주들도 잘 자라고 있으니 고마울 따름이다.

알이 부화됐는지 궁금하여 일주일 만인 5월 10일 호수에 다시 왔다. 호수 주위 연초록의 나무들이 초록으로 변한 숲을 보니 내 마음도 싱그럽다. 물 위에 누인 나무에 앉아 봄볕을 쬐고 있는 자라들을 사진기에 담는 여성이 보인다. 낚싯대를 물속에 던져 넣은 남성도 있다. 이 호수에서 잡은 물고기는 규정에 따라 반드시 다시 물속에 놓아 살려주어야 한다. 작은 갈대밭에 오니, 알을 품고 있던 자리에 백조가 보이지 않는다. 궁금하여 빠른 걸음으로 호수 저편으로 가니 백조 두 마리가 물 위에서 노닌다. 아직 알이 부화됐는지 아닌지 모른다. 가까이 가보니 아기 백조 둘이 물 위에서 엄마, 아빠 백조 사이에서 즐겁게 놀고 있다. 세상에 갓 나온 갈색을 띤 아기 백조 둘이 물 위도 잘 다니고 자맥질도 잘하는 것을 보니 놀랍고 신기하다. 엄마와의 거리가 멀어지면 쪼르르 물방울을 튀기며 엄마 뒤를 따라가는 모습이 매우 귀엽다. 아빠 백조는 뒤에서 가족들을 지키며 느긋하게 쫓아간다. 나는 얼른 휴대전화기를 꺼내 아기 백조들과 엄마 백조, 아빠 백조의 모습을 사진과 동영상으로 촬영했다. 2~3년 후 짝을 찾아 다른 곳으로 날아가기까지 여기가 아기 백조들의 고향이고 백조 가족의 천국이다. 연초록이 초록으로 짙어지는 신록의 계절에 나도 천국에 와 있는 느낌이다. "5월 은 푸르구나 우리들은 자란다 ♫" 초등학교 시절 어린이날에 부르 던 노래가 떠오른다. 백조 새 생명의 기적에 감사와 기쁨이 넘친다.

샌프란시스코 여행

 존 에프 케네디 공항을 출발한 지 6시간 35분 후에 샌프란시스코(San Francisco) 공항에 도착했다. 다음 날 주일 아침이라 뉴욕에서 8시에 시작하는 예배를 이곳에서 5시에 내가 다니는 교회의 예배를 인터넷 방송으로 동시에 시청하다니 편리한 세상이다.
 1시간이나 떨어진 곳에서 사는 친구 부부가 와서 우리 부부와 딸을 데리고 여러 곳을 보여준다. 샌프란시스코 시내에 전깃줄에 연결되어 가는 버스도 보인다. 39번 부두에 오니 정박해 있는 보트가 많다. 바닷물 위에 떠있는 나무 판 위에 올라와 앉아있는 물개들이 관광객들의 눈길을 사로잡는다. 다시 차를 타고 호수에서 물새들과 백조들이 노닐고 있는 The Palace of Fine Arts로 갔다. 1915년에 파나마 운하 준공 기념 건축물로 지어졌고 기둥도 크고 높다.
 금문교(Golden Gate Bridge)를 건너 작은 도시인 소살리토(Sausalito)에 갔다. 거리에는 화랑, 카페, 식당, 기념품점, 특색 있는 가게들이 즐비하고 축제가 자주 열리는 곳이다. 고급스러운 이태리 식당에서 점심식사를 하고 거리를 산책한다. 물가에 정박한 수많은 보트들이 풍요롭다. 예술가들이 많이 산다는 언덕에 있는 집들이 다채롭다. 바다 건너 샌프란시스코시의 건물들이 보인다.

1849년에 샌프란시스코 근교에서 금광이 발견되었다는 소식에 동부에서 금을 캐러 몰려온 수많은 사람들을 포티나이너스(49ers)라 부른다. 샌프란시스코 미식축구 프로팀이 이 이름을 따서 포티나이너스(49ers)라 부르고 있다. 금을 캐서 횡재한 사람들보다 장사나 서비스업에 종사한 사람들이 대부분이었다. 이들은 자신이 정착해 살던 곳을 떠나 온갖 어려움을 무릅쓰고 낯선 이역을 개척했다.

가파른 언덕길을 차로 올라 보니 금문교가 위용을 자랑하고 오른쪽으로 드넓은 태평양이 펼쳐진다. 갈 때와 달리 반대 방향으로 금문교를 건너와 호수공원에 이르니 청둥오리와 갈매기들이 여유롭다. 한식당에서 저녁식사를 하니 이태리 음식보다 푸짐하다. 하루 종일 우리를 위해 수고한 친구 부부에게 깊은 감사의 말과 함께 석별의 정을 나누었다.

셋째 날 오클랜드에 사는 선배님이 부인과 함께 와서 우리 부부를 데리고 차로 샌마티오 다리를 지난다. 7마일(11km)이나 되는 길고도 긴 다리이다. 주위의 경치가 그림 같다. 한식 식당에서 저녁식사를 하며 이야기꽃을 피우니 회포가 풀렸다. 딸이 사는 아파트 건물 앞까지 데려다준 선배님 부부와 따뜻한 가슴으로 헤어졌다.

여행은 자신이 살지 않는 곳에 가서 만나는 자연과 색다른 환경에 친해지게 하며 지식과 사고의 폭을 넓혀준다. 여행 중에 만나는 사람의 향기를 만날 때는 오아시스를 만난 것 같다. 내일 아침 아내와 함께 뉴욕의 집으로 돌아간다. '여행은 돌아갈 곳이 있기에 즐겁다'는 말이 실감 난다. 재충전된 느낌이 든다.

작곡가 스티븐 포스터

1월 13일은 미국의 작곡가 스티븐 포스터 기념일이다. 1966년 11월에 미국연방정부에서 제정하여 1967년 1월 13일에 첫 기념일로 준수했다. 스티븐 콜린스 포스터(Stephen Collins Foster)는 1826년 7월 4일 피츠버그에서 10남매의 막내로 태어나 1864년 1월 13일 뉴욕에서 타계한 미국 가곡의 아버지라 불릴 만한 작곡가이다.

스티븐 포스터는 어릴 때 음악 교육은 거의 받지 못했고 독학으로 음악을 배웠다. 18세 때 「루이지애나의 미녀」를 작곡했다. 1846년 오하이오주 신시내티로 이사했다. 이곳에서 「오! 수재너」를 발표했다. 이 곡은 1848년 황금을 쫓아 캘리포니아로 떠나던 많은 사람들이 즐겨 부르는 노래가 되었다.

1850년 고향으로 돌아와 제인 맥도웰과 결혼 후 이듬해에 딸을 낳았다. 그 무렵 작곡한 곡으로는 「시골 경마」, 「스와니강」, 「켄터키 옛집」, 「금발의 제니」 등이 있다. 켄터키 옛집은 켄터키주의 노래(State Song)가 되었다. 켄터키주에서는 중요한 행사가 있을 때 이 노래를 부른다. 스와니강은 플로리다 주의 노래(State Song)로 제정되었다. 플로리다주 스와니강에는 그를 기리는 관광객을 위한 유람선이 있다. 그는 경제적으로 어려워 단기간에 50만 부가 판매된 「고향 사람들」의 악보 판권을 15달러에 양도했다.

아내와도 헤어진 포스터는 1860년 뉴욕시로 이사했다. 가난한 가운데 「뷰티플 드리머」를 작곡한 뒤 1864년 1월 10일 맨해튼의 한 호텔방에서 지냈다. 독감을 앓다가 쓰러져 세면대가 깨지고 그 조각들에 머리를 다쳤다. 3일 후에 37세의 나이로 병원에서 별세했다. 그때 그의 주머니에는 38센트밖에 없었다고 한다. 고향인 피츠버그 근교 묘지에 잠들어 있다.

포스터는 음악 선율에 대한 독창성이 나타난 가곡들을 200여 곡 작곡했다. 내가 중학교 1학년부터 고등학교 2학년 때까지는 음악 시간이 1주일에 1시간씩 있었다. 그때 음악 선생님으로부터 배운 미국 가곡 중에 「켄터키 옛집」, 「금발의 제니」, 「스와니강」, 「올드 블랙 조」 등이 모두 스티븐 포스터가 작곡한 명곡이다. 감수성이 풍부한 청소년 시절에 「금발의 제니」를 음악 선생님을 따라 부를 때 아리따운 제니가 눈에 아른거리기도 했다. 「켄터키 옛집」은 흑인의 어린 시절 지내던 켄터키 고향집에 대한 그리움을 나타낸 노래이다. 「금발의 제니」는 아내 제인을 그리워하며 시를 쓰고 곡을 지었다. 「올드 블랙 조」는 세상을 떠난 노인 조를 따라가리라는 애잔한 노래이다. 「스와니강」은 타향에서 떠돌이 생활을 하면서 고향을 그리워하며 고향에서 살다 죽고 싶다는 소박한 소망이 담긴 곡이다.

　천재작곡가 스티븐 포스터 기념일을 맞아 학창 시절에 배운 그의 가곡들을 부르며 푸른 마음으로 그를 만난다.

옐로스톤 국립공원 여행

  이른 아침에 존 에프 케네디 공항에서 비행기를 타고 솔트레이크시티 공항에 내렸다. 미국 다른 지역에서 온 동문 부부들을 반갑게 만났다. 서울에서 홀로 온 동기와도 3년 만에 만나니 기쁘다. 뉴욕과 이곳은 2시간의 시차가 있다. 멀리 보이는 록키산맥의 산들에는 6월 초인데도 눈이 쌓여있다. 전세 낸 관광버스에 43명의 동문 부부들과 함께 타고 3박 4일의 옐로스톤 국립공원(Yellowstone National Park) 여행이 본격적으로 시작됐다. 달리는 버스 안에서 이 여행을 주최한 남가주 동문회장의 인사말에 이어서 돌아가며 자기소개와 인사를 하니 분위기가 부드럽다. 가이드의 미국 역사와 지역의 특성에 대한 이야기도 흥미롭다. 유타주에는 몰몬교도들이 집단적으로 이주해 와 정착하였다. 한국에도 젊은 선교사들이 많이 파송되어 선교활동을 했다. 한국에서는 제7일 안식일 예수재림교회라고 부른다. 몰몬교 교회 지붕 위에는 십자가가 없다. 버스가 아이다호주로 넘어오니 푸른 초원에 감자밭이 펼쳐진다. 아이다호주는 록키산맥 서쪽에, 미국의 북서쪽에 위치해 있으며 한반도 크기와 거의 비슷하다. 아이다호주는 미국 전역에서 생산되는 감자 생산량의 3분의 1을 생산한다. 농사짓는 사람은 보이지 않고 높이 세워 가로로 길게 뻗은 파이프라인에서 물을 자동으로 주고 있다. 드넓은 땅에 기계화, 자동화 농업을 하니 미국의 농업생산성이 세계 1위임을 실감한다.

첫날 저녁은 스테이크 전문 식당에서 했다. 산지의 소고기라 맛이 더 좋다. 한 식탁에서 동기들과 처음 온 아이다호에서 담소하며 식사를 하니 기쁘다. 식사 후에 수제맥주 제조장에서 생맥주를 맛보며 환담을 나누니 피곤한 줄 모르겠다. 뉴저지에서 온 한 동기는 세탁소를 운영하느라 바쁜 가운데도 신앙생활을 열심히 했다. 두 아들이 성장하여 월 스트리트 투자회사에 다니며 모두 결혼했다. 여행도 몇 번 못 갔다며 이번에 동문 여행에 오니 참으로 즐겁다고 한다. 다른 동창들도 이민 생활의 어려움을 극복하고 자녀들이 어엿한 직장에서 일하고 있다는 이야기를 들었다. 모두 오랜만에 여유로운 관광을 즐기고 있는 표정이다. 둘째 날 사파리 투어를 한다. 곰들이 여기저기에서 한가로이 놀고 있다. 갈색 털을 지닌 큰 곰이 버스 앞을 천천히 가니 차가 기어간다. 70여 마리의 곰들이 자유롭게 흩어져 지내는 모습을 보았다. 철문을 지나 밖으로 나와 버스에서 내려 울타리 안에 있는 작은 곰들이 노는 모습을 보니 귀엽기만 하다. 다시 버스를 타고 달린다. 창밖으로 초원에 들소들이 보인다. 많은 사람이 버펄로라고 부르고 있으나 인도의 들소를 버펄로라고 부르고 미국의 들소는 American Bison이라고 부르는 것이 정확하다. 산업혁명 시기인 18세기 후반에 텍사스에 살던 카우보이들이 직업을 잃어 몬타나주로 몰려와 살았는데 들소들을 마구 죽여 그 가죽으로 공장의 컨베이어 벨트를 만들었다고 한다. 지금은 보호동물로 자유롭게 개체 수를 늘려가며 무리 지어 사는 모습이 평화롭다. 나무들이 빽빽하게 서있는 산 정상부에는 눈이 쌓여 있는 모습이 이채롭다. 한참을 달려도 산림이 울창하다. 개천처럼 보이는 옐로스톤강이 흐른다. 강바닥에 있는 돌들이 노란색을 띄고 있어 옐로스톤강이라 부른다. 셋째 날 미드웨이 간헐천 분지(Midway Geyser Basin)에 가니 간헐천에서 증기가 피어오르고 있다. 가이저(Geyser)는 지하 암반에 갇힌 불이 마그마 활동으로 뜨거워져 증기가 팽창하면 폭발하여 분출하는 것을 일컫는다. 탐방로를 따라 올라가 엑셀시어 가이저(Excelsior Geyser)를 만난다. 간헐천에서 증기가 지속적으로 피어나고 있다. 간헐천 물과 바닥의 색깔이 그림 같다. 이어서 오팔 풀(Opal Pool)이 보석 같다. 맘모스 핫스프링스(Mammoth Hot Springs)는 석회질의 지하수가 넘쳐 만들어진 화산지형이다. 해발 2,000여 미터에 위치한 올드 페이스풀 간헐(Old Faithful Geyser)은 주기적으로 뜨거운 광천수를 분출하는 300여 개 가이저 중에서 가장 크다. 1시간 내지 1시간 30분 간격으로 대략 44미터 높이로 1분 30초 내지 5분 동안 물을 분출하는 모습은 장관이 아닐 수 없다. 우리 일행은 2분 30초 정도 물이 분수처럼 솟구치는 것을 보았다. 1903년 4월

테오도르 루즈벨트 대통령이 참석한 가운데 아치 모퉁잇돌 행사가 열렸다. 테오도르 루즈벨트 아치에는 '국민의 이익과 즐거움을 위하여'라고 쓰여 있다. 공원 동쪽지역으로 가는데 산악지역을 넘어 버스가 달리고 달리는 동안 울창한 산림과 강이 보인다. 1988년 옐로스톤 국립공원 36퍼센트가 불에 타는 화재가 발생했는데 몇 달을 끄지 못하다가 늦가을에 춥고 눈이 와서 진화되었다고 한다. 불에 탄 나무들이 서있는 나무들 아래에는 새롭게 자란 나무들이 약 1.5미터 높이로 채워져 있다. 자연의 복원력은 참으로 놀랍다. 해발 2,400미터 공원에 위치한 옐로스톤 호수는 북미 대륙에서 제일 큰 산중호수로 상류 쪽 산악지대는 삼림과 눈이 덮여있다. 이 호수의 물은 옐로스톤 국립공원과 몬타나주를 거쳐 미주리강으로 합류된다. 화산 폭발로 생긴 옐로스톤 호수가 서울 전체 면적의 약 0.6배 정도 된다고 한다. 호수 가장자리를 산책로를 따라 걷는다. 물이 수정처럼 맑다. 대자연 속에서 겸손해지는 나 자신을 발견한다. 산과 강, 숲과 호수가 나의 마음을 깨끗하게 하고 정서를 온전하게 회복시킨다. 산림 파괴와 공해로 인한 지구온난화로 금년 여름에도 지구촌 곳곳이 폭염과 가뭄, 홍수로 고통받고 있다. 자연의 혜택을 입고 살아온 인간들이 자연을 사랑하고 보전하며 함께 살아야겠다.

존스 비치

 올 여름 뉴욕시의 날씨가 본격적으로 무더위에 접어들었다. 많은 사람들이 무더위 기간에는 산이나 바다로 가서 자연과 가까이하며 피서를 한다. 일반적으로 동양인들은 산을 더 좋아하고 서양인들은 바다를 더 좋아하는 것 같다. 나는 산을 더 좋아하여 뉴욕 근교에 있는 산으로 산행을 하곤 했다. 하지만 2년 전부터는 존스 비치(Jones Beach)를 자주 가는 편이다.

 존스 비치는 뉴욕에 사는 사람들이 가장 많이 찾는 비치이다. 롱아일랜드에 위치한 대서양의 해변으로 뉴욕주립공원 안에 있다. 백사장은 길이가 6.5마일(10.4km)이고 2,400에이커(293만 평)의 면적으로 매우 넓다. 매년 약 800만 명의 방문객이 찾아온다. 존스 비치는 다양한 활동이 가능한 곳이다. 바다에서 수영하고, 나무마루가 깔린 보도를 따라 산책도 할 수 있다. 카페에서 커피나 음료수를 마실 수도 있고, 식당에서 제대로 요리된 음식으로 식사할 수 있다. 야외극장에서 무료음악회를 관람할 수도 있다. 존스 비치 주립공원 서쪽 끝에 위치한 존스 비치 에너지와 자연 센터에서 전시물과 자료를 통해 해양환경에 대해 배울 수도 있다. 존스 비치에는 반려동물 출입이 금지되어 있다.

존스 비치 주립공원과 공원 동쪽으로 뻗어 있는 존스섬은 1920년대 유명한 건축가인 로버트 모세스(Robert Moses)가 설계했다. 주립 보트 수로(State Boat Channel)에서 모래를 파내어, 작은 섬들을 하나로 연결하여 오션 파크웨이가 있는 긴 구간을 만들었다. 로버트 모세스는 모기가 많은 늪지대와 작은 섬들을 모아 거대한 공원을 조성했다고 했다.

내가 최근에 가족과 함께 존스 비치를 간 것은 2025년 7월 1일이었다. 평일 낮인데도 상당히 많은 사람들이 와 있었다. 대부분의 사람들은 바다에서 수영을 하지 않고 모래사장 위에 앉거나 누워서 일광욕을 하며 바다를 한가롭게 바라보았다. 비키니를 입은 사람도 있고 일반 수영복을 입은 사람도 있고 평상복을 입은 사람들도 있었다. 생명구조원들이 망루나 바다에서 수영을 하거나 파도타기(surfing)를 하는 사람들을 살펴보고 있었다. 바다 속 멀리 나아가는 사람을 발견하면 호루라기를 불어 안으로 돌아오게 했다. 아이들이 모래로 여러 가지 형태를 만들기도 하고 부수기도 하며 놀았다.

손주들과 딸들도 물가에서 파도가 밀려오면 모래사장 쪽으로 몸을 피하다가 어느새 파도를 타고 넘어온 물이 다리를 적시면 함박 웃음을 터트렸다. 파도가 사라지면 다시 물가로 나가며 즐거워했다. 딸들이 어려서 이곳에 와서 놀던 때를 기억하듯이 손주들도 먼 훗날 여기서 물놀이하던 아름다운 추억을 떠올려 미소 지으리라. 바람을 맞으며 드넓은 대서양을 바라보니 내 가슴이 확 트이는 느낌이 들었다. 나는 바지를 무릎까지 걷어 올리고 바닷물이 들락날락하는 지점을 맨발로 걸었다. 젖은 모래사장을 걷는데 큰 파도를 타고 몰려온 물이 내 다리를 덮치고 사라져 웃지 않을 수 없었다. 갈매기들 날아다니는 바닷가를 맨발로 1시간 정도 걸으니 온몸이 시원하고 기분이 좋았다. 오늘 밤엔 잠을 잘 잘 것 같았다.

한 남성은 며칠 전에 상어가 나타나 사람을 물었으니 조심하라고 아이들과 함께 온 부모들에게 말하며 다녔다. 모래사장에서 안전을 위해 금속탐지기를 밀며 일하는 사람도 보였다. 번개가 친다고 안전요원들이 오후 3시 30분에 큰 소리로 알려 사람들이 돌아가기에 우리 가족도 기쁜 마음으로 떠났다. 멀지 않은 곳에 존스비치가 있는 것은 뉴요커(Newyorker)들에게 축복이라 아니 할 수 없다.

밴쿠버 여행

　나와 아내와 작은딸은 시애틀 공항에서 비행기가 출발한 지 45분 만에 밴쿠버 공항에 도착했다. 비행기에서 창문으로 내다보니 6월인데도 눈 덮인 산들과 태평양에 펼쳐진 수많은 크고 작은 섬들이 내 가슴을 설레게 했다. 시애틀에서 렌터카를 하여 올 계획이었으나 밴쿠버에 사는 친구의 권유로 비행기로 왔다. 세관을 통과하여 나가서, 기다리던 친구와 반갑게 만났다. 한식당에 가서 기다리던 친구 부인도 만나고 저녁식사를 하며 환담을 나누었다. 다시 차를 타고 스탠리 공원(Stanley Park)에 갔다. 이 공원은 부두 옆에 위치하며 밴쿠버 시내 고층 건물들을 마주 바라볼 수 있고 뒤쪽으로는 다리(Bridge)와 산을 볼 수 있는 시의 대표적 공원이다. 다운타운을 둘러보고 호텔에 투숙했다.
　이튿날 아침 밴쿠버 아일랜드로 가기 위해 친구가 운전하는 차를 타고 페리(Ferry)에 올랐다. 페리에는 약 200대의 차량이 들어간다. 차를 주차하고 갑판 위로 올라갔다. 수많은 사람과 차량을 실은 거대한 선박인 페리는 푸른 바다 위를 미끄러져 갔다. 섬들을 지나쳐 가는 동안 실내외에서 승객들이 관광도 즐기고 구내식당에서 음식도 즐겼다. 우리는 갑판으로 나와 눈부신 햇빛과 부드러운 바람을 맞이했다. 개를 데리고 온 승객들도 보였다. 1시간 30분 만에 밴쿠버 아일랜드에 도착했다. 다시 차를 타고 35분 정도 가서 빅토리아시에 다다랐다. 부두에 보트들이 정박해 있고 수상경비행기가 뜨기도 하고 내리기도 했다. 브리티시컬럼비아(British Columbia)주 의사당 정원 앞 한국전 참전비 앞에서 나는 묵념을 했다. 큰 천으로 만들어진 캐나다 국기가 주의사당 건물 가운데 걸쳐있었다. 의사당 안을 보고 나서 인터넷에서 찾은 근처 한식당에서 점심식사를 했다.

밴쿠버 인근 버나비(Burnaby) 시내에 와서 이종사촌동생을 반갑게 만나, 저녁식사를 함께하며 이야기를 나누었다. 다음 날 아침 친구가 부인과 함께 호텔로 와서 우리 일행을 태우고 동계올림픽 스키 종목이 열렸던 위슬러(Whistler)로 차를 몰고 갔다. 푸른 하늘 아래 오른편 산들에 울창한 산림들이, 왼편으로 태평양 파란 바다 위에 떠있는 섬들에도 초록의 나무가 가득하다. 청소년 학창 시절에 함께 공부하고 운동하던 친구가 운전하는 차를 타고 좌우로 펼쳐지는 절경을 보며 가니 감회가 깊고 마치 출세라도 한 느낌이 들었다. 성공은 삶을 즐기는 것이 아닌가 한다. 한참 가다 보니 오른편 앞산에 산불이 나서 흰 연기가 자욱하고 헬리콥터가 물을 뿌리고 있었다. 이곳을 지나쳐 차에서 내려 바위산을 타고 내리는 섀넌 폭포(Shannon Falls)의 시원한 물줄기를 보았다. 도로 부근 공원에서 나무 그늘 식탁에 앉아 친구 부인이 준비해 온 식재료로 즉석에서 구워 바비큐 점심식사를 했다. 차를 타고 가서 브랜디와인 폭포(Brandywine Falls)도 보았다. 다시 차를 달려 위슬러(Whistler)에 이르렀다. 기념품점들과 동계올림픽 조형물을 두루 보았다. 돌아오는 길에 차를 세워 밖으로 나와 바다 위 섬과 멀리 눈 덮인 산이 보이는 곳에서 빼어난 경치를 감상했다. 이곳 부근에서 개천으로 산란하러 오는 연어들을 낚시로 많이 잡는다고 한다. 밴쿠버시로 와서 최초 시작된 곳과 거리에 세워진 연기 나는 괘종시계를 둘러보고 공항에 왔다. 우리 가족은 2박 3일의 여행을 마치고 친구 부부에게 감사하며 작별의 인사를 나누었다. 여행은 일상에서 벗어나 새로운 곳에서 만나는 자연이나 환경과 친해지게 하며 삶의 활력을 갖게 한다. 여행 중에 만나는 사람의 친절과 향기는 더할 나위 없이 여행을 즐겁게 한다.

사과 따기

뉴욕에 온 첫해 가을에 가족들과 사과 농장에 가서 직접 사과를 따는 것은 한국에서 갖지 못한 놀라운 경험이었다. 사과 농장에서 내 마음대로 골라서 갓 딴 사과를 먹는 것은 재미있는 일이었고 맛도 신선했다. 사과를 먹는 것은 무료이고 갖고 가는 사과에만 돈을 받아 많이 먹으려 해도 배가 불러 세 개보다 더 먹지 못했다. 거의 매해 가을에 애플피킹을 가서 가족과 또는 친지들과 함께 풍요로움을 느끼며 수확의 기쁨을 즐겨왔다.

오래전에 고모님과 고모부님이 한국에서 오셨을 때 사과나무 바로 앞에까지 차를 몰고 갈 수 있는 사과 농장에 모시고 간 적이 있다. 고모님은 땅에 떨어져 흠이 있는 사과들도 아깝다며 부지런히 패킷에 담으셨다. 내가 떨어진 사과들은 농장에서 모아 애플주스나 애플파이를 만드는 데 쓰니 담지 마시라고 하니 웃으시며 아주 좋은 곳에 와 본다고 하셨다. 여러 해 전에 교회 경로관광에서 내가 기획 및 실행 책임자로 교우님들을 모시고 과수원에 몇 번 갔는

데 모든 분들이 즐거워했다. 몇 해 전에 한국 갔을 때 사과 과수원을 갔었는데 직접 사과 따기는 할 수 없었고 규모도 뉴욕주 사과 농장에 비교할 수 없을 정도로 작았다. 한국의 사과가 더 맛있다고 느끼지 못했다.

  결혼 초부터 사과를 즐겨 먹는 아내가 매일 아침 사과 한 개씩 먹으면 의사를 멀리 한다는 말이 있을 정도로 사과가 건강에 좋다며 권유하여 나도 여러 해 전부터 매일 아침에 사과 한 개씩 먹는다. 사과에 들어 있는 성분들이 소화흡수를 잘되게 하고 피로회복과 면역력을 증가시킨다고 한다. 다이어트에도 좋고 나쁜 콜레스테롤 수치도 떨어트린다고 한다. 뉴욕주는 워싱턴주에 이어 미국 제2의 사과 생산지로 수많은 사과 농장에서 각종 사과를 재배한다. 뉴욕주는 사과 재배 조건과 사과 맛으로는 최고라고 한다. 사과는 일 년 내내 뉴욕주 식품점에서 구할 수 있다. 사과 농장에 가서 사과를 사는 것이 슈퍼마켓에서 사는 가격보다 싸지는 않다.

  오늘 드높은 하늘 아래 울창한 숲과 간간이 단풍을 감상하며 사과 농장에 갔다. 코로나-오미크론이 다시 부상하는 때이나 사과 농장에 도착하니 수많은 사람들이 와 있다. 넓은 사과 농장에 흩어져 사과를 따는 사람들의 표정이 밝다. 사과를 따서 먹으니 맛이 새큼하다. 이브가 하나님의 명령을 어기고 따 먹은 과일이 하필이면 사과인가 하는 의문이 풀리는 것 같기도 하다.

세인트 패트릭스 데이

성 패트릭의 날(Saint Patrick's Day)은 영국인으로 아일랜드에서 기독교를 전도한 성 파트리치오(Patracius 386~461년)를 기념하는 날이다. 성 파트리치오가 선종한 날인 3월 17일에 축제를 연다. 이날은 아일랜드와 영국, 캐나다에서 공휴일이다. 성 파트리치오는 4세기에 영국에서 태어났다. 16살에 해적에 납치되어 아일랜드로 끌려가 노예로 지냈다. 그는 꿈속에서 하나님의 부르심을 받아 배를 타고 탈출해 영국으로 돌아와서 신학을 공부하여 사제가 되었다. 그는 432년 다시 아일랜드로 가서 다신교를 믿었던 아일랜드 사람들에게 30년 동안 기독교를 전파했다.

아일랜드에서는 9세기경부터 패트릭 성인을 기리며 세인트 패트릭스 데이를 기념해 왔다. 17세기에 패트릭 성인이 세상을 떠난 3월 17일이 교회의 공식 축일로 정해졌다. 그 후, 녹색 리본과 토끼풀을 달아 성 파트리치오의 날을 축하했다. 1903년부터 아일랜드에서 이날을 국경일로 기념했다. 1931년, 아일랜드의 수도 더

블린(Dublin)에서 처음으로 세인트 패트릭스 데이를 맞이해 거리 행진이 펼쳐졌다. 1996년 3월 17일에 '세인트 패트릭 페스티벌'이라는 이름으로 축제가 개최됐다.

세인트 패트릭스 데이에는 녹색 옷과 녹색 모자, 녹색 리본을 착용한다. 녹색은 패트릭 성인이 아일랜드 이교도들에게 기독교의 삼위일체를 설명하기 위해 토끼풀을 사용한 일화가 퍼지면서 패트릭 성인을 상징하는 색깔이 되었다. 축제의 꽃인 퍼레이드에는 패트릭 성인의 인형을 앞세우고 아일랜드 민속 음악을 연주하는 백파이프 악단이 참여하고 각 지역을 대표하는 악대들이 뒤를 따른다.

3월 17일에는 아일랜드뿐 아니라 캐나다 퀘벡, 미국 뉴욕, 아르헨티나, 오스트레일리아, 뉴질랜드 등 아일랜드 이민자들이 많이 거주하는 세계 여러 도시에서 축제가 열린다. 아일랜드는 7백여 년 동안 영국의 지배로부터 독립전쟁을 통해 1922년 독립되었다. 1845년 감자잎마름병으로 인한 대기근의 시기에 수많은 사람들이 미국과 캐나다 등지로 이주했다. 아일랜드에 기독교가 전파된 것을 기념하는 세인트 패트릭스 데이는 세계 각지에 퍼져 있는 아일랜드 이민자들이 민족문화와 전통을 즐기는 날이기도 하다.

내가 오래전에 뉴욕 세인트 패트릭 대성당(St. Patrick's Cathedral) 근처에 있는 빌딩에 있는 사무실에서 근무했다. 그 당시 세인트 패트릭스 데이, 5번가(Fifth Avenue)로 행진하는 많은 아이리시(Irish)계 미국인들을 보았다. 존 에프 케네디 미국 제35대 대통령과 제47대 조 바이든 대통령도 아이리시 이민자 후손이다.

우리 집 옆집에 살던 Patricia라는 아이리시 여인은 독신으로 연로한 어머니와 살았다. 그녀는 우리 아이들의 생일에는 잊지 않고 선물을 주곤 했다. 그녀는 어머니가 별세한 지 6개월 만에 지병으로 이 세상을 떠났다. 나는 가톨릭 성당에서 있었던 두 분의 장례식에 모두 참석했다. 그때마다 한국인들도 좋아하는 아일랜드 민요에 가사를 입힌 「오 대니 보이(Oh Danny Boy)」가 성가대의 노래로 애잔하게 울려 퍼졌다.

데스밸리 미국립공원

 캘리포니아주와 네바다주에 걸쳐 있는 데스밸리(Death Valley) 미국립공원을 간다. 라스베이거스에서 차로 2시간을 달리니 서부 영화에서 본 듯한 광야에 Death Valley National Park이라는 표지판을 만난다. 매우 덥고 건조한 곳으로 알래스카를 제외한 미국에서 가장 큰 면적이 330만 에이커나 되는 국립공원이다. 1913년 7월 10일, 화씨 134도(섭씨 56.7도)로 세계에서 가장 높은 기온을 기록했다. 해마다 백만여 명의 방문객이 이 국립공원을 찾아온다.
 무인 입장료 지불기에 30불을 내고 입장권을 사서 차의 대시보드에 놓았다. 자브리스키 포인트(Zabriskie Point)에서 주위를 둘러본다. 많은 굴곡이 주름을 잡은 듯한 언덕과 산줄기들이 분홍색과 회색과 자주색을 띠고 있다. 오른쪽 멀리 보이는 푸른 강이 그림 같다. 아마르고사강이다. 아티스트 팔레트(Artist's Palette)에 가니 고동색, 분홍색, 초록색, 보라색 등 다채로운 색의 바위들이 화가의 팔레트처럼 모여 있다. 내추럴 브리지(Natural

Bridge)를 보러 걸어가는데 땅에 바위의 퇴적물인 들쭉날쭉한 돌과 거친 모래가 많다. 20분 정도 걸리는 짧은 거리를 걷는데 평지보다 운동이 많이 된다. 주위에 지질 형성을 볼 수 있는 지층들이 많다. 내추럴 브리지는 고대로부터 바위와 자갈과 물에 씻긴 침전물로 형성됐다.

배드워터 분지(Badwater Basin) 주차장에 주차하고 밖으로 나오니 해수면(Sea Level)이라는 표지가 보인다. 소금밭까지 왕복 1.9마일 거리로 35분 정도 걸리는 탐방로가 있어 걸어간다. 길 양옆으로 삽으로 파헤친 모양으로 소금이 섞인 흙이 넓은 땅에 널려 있다. 길 끝에 가보니 소금밭이 끝이 안 보일 정도로 펼쳐진다. 멀리서 보면 언 강에 눈이 덮인 것 같으나 실제는 지면 위에 있는 두꺼운 소금층이다. 아마르고사강의 끝이 배드워터 분지이며 호수가 메말라서 생긴 곳이다. 북미 대륙에서 고도가 가장 낮은 지역으로 해수면보다 282피트(86미터) 낮다.

블랙 마운틴에 있는 단테스 뷰(Dante's View) 전망대에서 흰 눈이 덮인 높은 산봉우리와 모래언덕의 대조적인 광경을 본다. 1849년 동부에서 황금을 찾아 험준한 언덕과 산으로 둘러싸인 이 지역을 지나던 유럽계 미국인들이 폭염으로 13명의 사망자가 발생하자 죽음의 계곡(Death Valley)이라 불렀다.

1천여 년 전부터 이 지역에 살아온 팀비샤(Timbisha) 원주민들은 이곳을 계곡과 모래언덕과 산으로 둘러싸인 곳이라는 의미인 Tupippuh라고 불러왔다. 이곳은 죽음이 아니라 생명에 관한 곳이고 영적으로 그들을 치유해 온 곳이라고 한다. 나는 그들의 견해에 공감한다. 나아가 이 국립공원 이름을 바꾸는 것은 어떨까 생각한다.

록키마운틴 국립공원 여행

　아내와 함께 덴버 공항에 도착하여 우버택시를 타고 가는 동안 창밖에 길게 연결된 산들이 멀리 보인다. 운전사에게 저것이 록키산(Rocky Mountains)이냐고 물으니 그렇다고 한다. 시카고에서 차를 운전하여 온 작은딸을 덴버에서 반갑게 만났다. 우리 가족은 유명한 래리머(Larimer Square)를 걸어서 한 바퀴 둘러보고 손님들로 붐비는 아이스크림 가게 밖에 비치된 옥외 테이블 앞 긴 의자에 앉았다. 아이스크림을 먹으며 자동차 출입을 막은 도로에 오가는 많은 관광객들을 구경했다. 차로 콜로라도주 의사당에 갔다. 아름다운 의사당 건물을 밖에서 돌아보고 경찰관한테 부탁하여 기념사진도 찍었다. 이 경찰관은 인물도 잘생긴 청년으로 친절하게 설명도 해 주어 내가 콜로라도주에 대해 더 좋은 이미지를 갖게 됐다.
　다음 날 아침 록키마운틴 국립공원 입구에 이르니 록키마운틴 국립공원(Rocky Mountain National Park) 표지판 위에 새 한 마리가 앉아 큰 소리로 지저댄다. 가만히 보니 가슴에 하얀 털이 있는 까치다. 뉴욕에서 수십 년 살고 있는 내가 미국에서 처음 본 까치다. 미국동부에서는 전혀 볼 수 없어 난 미국에는 까치가 없는 줄만 알았는데 여기서 까치를 만나다니 너무나 기뻐서 가슴이 뛴다. 얼른 스마트폰으로 사진을 찍으려는데 차가 진행 중이라 표지판을 지나쳐 국립공원 글자가 보이지 않는 뒷면에 앉아있는 까치 사진을 찍을 수밖에 없었다. 까치는 사진을 찍자마자 날아가 버렸다. 우리의 방문을 환영한다고 지저귀고 나서 날아간 것이리라. 모든 징조를 좋은 쪽으로 해석하는 사람에겐 좋은 일이 일어난다고 본다.

차창 밖으로 멋진 나무들이 반대 방향으로 빠르게 달려간다. 한참을 차로 오른 후 차 몇 대 주차할 수 있는 곳에 차를 세우고 밖에 나와서 주변을 둘러보니 사방에 아름다운 산들이 파노라마처럼 펼쳐진다. 차를 타고 더 올라가 주차장에 차를 세우고 밖에 나와 걸어서 조망대에 이른다. 바람결에 산들의 합창소리가 들려오는 듯하다. 더 오르니 툰드라 지역이라 큰 나무는 안 보이고 관목들만 보인다. 아직 눈이 녹지 않은 두터운 얼음 지역들도 여럿 보인다. 힘겹게 올라오는 코요테(Coyote) 한 마리가 사람들의 시선을 끈다. 차를 타고 더 가니 이 높은 곳에 기념품점과 간이식당이 있다. 우리는 이곳에 들러 점심식사를 하고 기념품점을 둘러보고 간단한 물건을 샀다. 계산대에서 일하는 분이 한인 여성이었다. 차를 타고 산 너머 가파른 내리막길을 내려가다 차를 돌려 오던 길인 오르막과 내리막을 갔다. 국립공원 밖으로 나와 에스테스 팍(Estes

Park) 동네에 있는 박물관과 거리를 둘러본 후 다시 록키마운틴 국립공원에 들어가 곰 호수(Bear Lake)를 한 바퀴 산책했다. 아름다운 호수와 나무들과 산들이 어우러진 한 폭의 그림 같은 경치를 감상했다. 자연은 인간을 깨끗하게 치유하는 능력이 있다.

차를 타고 가는데 갑자기 앞차가 서서 창밖을 보니 무스(Moose) 세 마리가 내려오며 풀을 뜯고 있다. 차에서 내려 사진과 동영상을 찍었다. 다시 차를 타고 가는데 우리 차 앞에서 야생칠면조가 도로를 횡단한다. 차를 세우고 도로를 건너는 칠면조들을 세어보니 모두 10마리다. 아무쪼록 야생칠면조 가족이 이 땅에서 안전하게 잘 살기를 빈다. 높은 곳이 고도 4,300여 미터인 록키산맥국립공원은 드높은 산들, 울창한 산림, 푸른 호수들, 수많은 하이킹 코스, 풍부한 야생 동물이 있는 미국에서 가장 아름다운 국립공원 중 하나이다.

셋째 날 아침 우리는 레드 마운틴 콜로라도 주립공원(Red Mountain Colorado State Park)을 갔다. 몇 년 전 유타주 자이온 캐니언(Zion Canyon) 등지에서 본 붉은 흙과 암석이 어우러져 있는 낮은 산들이 둘러싸인 곳으로 코로나 기간임에도 관광객들이 마스크 없이 많이 왔다.

야외공연장과 부속전시장들을 둘러봤다. 비틀즈(The Beatles), U2 등 유명 연예인들이 이곳에서 공연한 사진들이 전시되어 있었다. 이어서 푸른 하늘 아래 레드 마운틴(Red Mountain) 주위의 들판 길을 이름 모를 풀들의 부드러운 춤과 붉은 산의 위용을 번

갈아 바라보며 한 바퀴 산책하는 동안 진한 낭만의 향기를 느꼈다. 중학교 지리 시간에 배운 록키산맥 일대를 아내와 작은딸과 함께 다녀보니 감사와 기쁨이 넘친다.

2부
산책의 즐거움

새해와 시작

2025년 설날과 입춘에

미국 흑인 역사의 달

3월은 수줍은 청년

산책의 즐거움

작은딸의 꿈의 여정

시카고 여행

사랑의 친교

뉴질랜드 여행

싱가포르 여행

무궁화 사랑

야구 관람

2022 유에스 오픈 테니스 관람

미네와스카 뉴욕주립공원 산행

누구에게나 필요한 휴가

범사 감사

새해와 시작

　새해에는 새로운 마음가짐으로 이런저런 계획을 세운다. 아무리 좋은 꿈을 꾸고 계획을 잘 세우더라도 실행하지 않으면 아무 소용이 없다. '시작이 반이다'라는 속담이 있다. 어떤 일이든 시작하기가 어렵지 일단 시작하면 일을 끝마치기는 생각보다 어렵지 않다는 뜻이다.

　그리스의 철학자 아리스토텔레스는 "Well begun is half done."이라는 말을 했다. 시작을 잘하면 반을 이룬 것과 같다는 뜻이다. 시작을 못 하는 이유는 새로운 것에 대한 두려움으로 나중에 하겠다고 미루는 데 있다. 미루다 보면 목표의식이 흐려지고 실행이 어려워진다.

　시작할 적당한 때를 기다리느라 시간을 낭비하기가 쉽다. 지금 있는 자리에서 할 수 있는 것을 작은 것이라도 당장 실천하는 것이 중요하다. 작가인 조지 버나드 쇼는 자신의 묘비에 "우물쭈물하다가 내 이렇게 될 줄 알았지."라고 익살스러운 말을 남겼다.

오늘 작은 일이라도 실천하면 자신감이 생긴다. 자신감은 더 큰 능력을 불러와 더 큰 일을 하게 된다. 신약성경 야고보서에 "영혼 없는 몸이 죽은 것같이 행함이 없는 믿음은 죽은 것이니라."라는 구절이 있다. 이웃 사랑을 외쳐대면서 자신은 사랑으로 아무것도 베풀지 않으면 어찌 사랑을 실천하는 사람이라고 할 수 있겠는가.

새해 초에 세운 나의 계획은 다음과 같다. 이웃에게 먼저 말 한마디라도 따뜻하고 격려하는 말을 하기, 대화할 때 내 말을 하기보다는 상대방의 말을 경청하기, 밝게 웃고 인사하기, 안부 전화 먼저 하기 등 사랑으로 베풀기이다. 직업적인 일 외에 나 자신의 발전을 위해서는 영적으로 성장하기, 책 읽기, 글쓰기, 여행 등이다. 나의 건강을 위해서는 걷기, 맨손체조, 산행, 자전거 타기 등이다.

새해가 시작된 지도 어느새 보름이 지났다. 이제 돌아보니 아직 시작도 안 한 것이 있다. 나 자신도 어떤 일은 자꾸 나중으로 미루는 경향이 있다. 머나먼 길을 가는 것도 처음에 한 걸음 디딤으로 시작된다. 아무리 시작이 반이라 해도 계획된 일을 끝까지 실행하기 위해서는 해내겠다는 결의와 열정과 끈기와 부지런함이 뒷받침되어야 한다.

며칠 있으면 설날(음력 1월 1일)이다. 아직 시도도 하지 않은 새해 계획은 현실에 맞게 조정하고 세분하여 작은 부분부터 시작해야겠다. 구약성경 욥기에 있는 "네 시작은 미약하였으나 네 나중은 심히 창대하리라."라는 구절을 묵상하며 새해 벽두에 세운 계획들을 최선을 다해 실행하겠다고 다짐한다.

2025년 설날과 입춘에

　한민족의 명절인 설날은 2025년에는 1월 29일이다. 예년 같으면 1월 28일부터 1월 30일이 공휴일이나 정부에서 월요일인 2025년 1월 27일을 임시공휴일로 제정하여 4일 동안이나 연휴이다. 설날 연휴가 끝나는 1월 31일이 금요일이라 직장에 다니는 사람들은 이날 하루 휴가를 얻으면 앞뒤 토요일, 일요일 포함하여 9일 동안이나 계속하여 쉴 수 있다. 인천국제공항에는 해외로 출국하려는 사람들로 붐벼 긴 줄을 서야 하고 북새통을 이루었다고 한다. 수십 년 전엔 설날 하루만 쉬고 온 국민이 열심히 일했다. 한국이 놀랍게 발전하여 선진국 반열에 오르고, 많은 시민이 여유롭게 해외여행도 다니니 참 살기 좋은 나라이다.
　뉴욕시에 살고 있는 나는 1월 26일 오후에 교회 '설날행복잔치'에서 어린이들의 합동세배를 다른 교우들과 함께 받고 웃으며 세뱃돈을 주었다. 이어서 제기차기, 딱지치기, 공기놀이, 줄넘기를 하는 소년, 소녀들을 보며 즐거워했다. 나도 윷놀이를 교우들과 함께

하고 상품으로 치약 하나를 받았다. 내가 어릴 적에는 설날 아침에 차례를 지내고 나서 떡국과 생선전, 사과, 배, 밤, 대추 등을 먹었다. 동네 어른께도 세배하고 세뱃돈을 주면 받기도 했다. 복조리를 팔러 다니는 사람도 있었다.

지난여름에는 지구촌 곳곳에 가뭄과 홍수로 인한 피해가 막대했다. 이번 겨울은 세계적으로 눈이 많이 오고 한파가 몰아쳤다. 미국에도 중서부와 북동부 여러 곳이 폭설과 한파로 몸살을 앓고 있다. 미국 캘리포니아 로스앤젤레스 부근에는 산불로 인한 피해도 매우 크다. 인간의 탐욕으로 인한 이산화탄소 증가와 지구 온난화로 기상이변과 피해가 속출하고 있다.

금년 겨울은 예년에 비해 날씨가 몹시 춥다. 지금 같아서는 봄이 까마득히 먼 것처럼 보인다. 2월 3일은 봄이 시작된다는 날인 입춘이다. 입춘은 24절기 중 첫 번째 절기로 대한과 우수 사이에 있다. 입춘에는 동풍이 불며 얼음이 녹으며 벌레들이 깨어난다고 하지만 이는 중국 화북지역을 기준으로 입춘이 만들어졌기에 우리나라에 해당되지 않는다. 오히려 "입춘 추위에 김칫독 얼어터진다."라는 속담이 있을 정도로 추운 날씨인 경우가 많다. 입춘에는 대문이나 기둥에 '입춘대길', '건양다경'이라는 글귀를 써 붙이는 풍습이 있다. 입춘에 크게 길하고, 맑은 날이 많고 경사스러운 일이 많기를 기원하는 의미이다. 아직 추운 겨울이지만 대지나 햇빛 가운데 봄 기운이 조금씩 스며든다. 다음은 내가 지은 「입춘」이라는 제목의 시이다.

산에 들에 눈 쌓여 있고/아직 온기를 나눠주지 않는데/오늘이 입춘이라네//미리 알았는지/산속 실개천/얼음 아래 졸졸 물 흐르고/들판을 덮은 눈 위로/새싹이 고개 내미네//동장군의 기세등등하여/봄을 까마득히 잊고 움츠리고 있을 때/희망 잃지 않도록//옛사람들/봄의 척후병 겨울에 침투한 날을/입춘으로 정했나 봐//남은 겨울/눈보라, 강추위 견뎌내어/향기 나는 꽃들 춤추는 봄날에/가슴 뛰는 노래 부르리라

미국 흑인 역사의 달

미국에서 2월은 흑인 역사의 달이고 2월 1일은 자유의 날이다. 노예로 태어나 남북전쟁 후에 자유를 얻은 리처드 로버트 라이트가 모든 미국인이 자유를 기념하는 하루가 있어야 된다고 믿고 추진한 끝에 미국 정부에서 2월 1일을 자유의 날로 1947년 제정하게 되었다. 1976년 2월이 흑인 역사의 달로 제정되어 2월 한 달 동안 아프리카계 미국인들이 미국에 기여해 온 것을 기념하는 행사가 곳곳에서 열린다.

에이브러햄 링컨 대통령의 업적은 널리 알려져 있다. 하지만 노예의 신분으로 태어나 노예해방을 위해 평생을 치열하게 싸웠던 프레드릭 더글라스의 이름은 잘 알려져 있지 않다. 프레드릭 더글라스는 자신이 소년 시절에 볼티모어시로 팔려갈 때 노예 신분임을 뼈저리게 느꼈다. 주인 부인이 그에게 글을 가르쳐 주었다. 그의 주인은 그를 '노예 길들이는 사람'에게 보냈다. 채찍을 맞으며 길들여지던 중 도망하여 뉴욕에서 자유로운 생활을 하게 되었다.

노예제도 폐지를 주장하며 『자유케 하는 사람들』이라는 신문을 발간하고 있던 백인인 윌리엄 로이드 개리슨을 만난 후에 노예제 폐지 운동 연설자가 되어 여러 곳을 다니며 강연했다. 1845년 프레드릭은 자신의 자서전 『미국인 노예 프레드릭 더글라스의 삶의 이야기』를 출판했다. 자신의 신분이 드러나자 그는 영국으로 갔다. 영국에서 만난 친구들이 700여 불의 돈을 주고 그가 노예 신분을 벗어날 수 있게 해주었다. 1년 반 만에 미국으로 돌아와 자유의 몸이 된 그는 『The North Star』라는 노예 반대 운동 신문을 발간했다. 1861년에 남북전쟁이 벌어지자 링컨 대통령을 만나 노예제 폐지를 건의했다. 링컨은 처음에 그의 건의를 받아들이지 않았으나 남북을 통합하는 데 노예제 폐지가 필수적이라고 보고, 남북전쟁 중인 1863년에 노예 해방을 선언했다.

흑인인 마틴 루터 킹 주니어 목사의 업적은 잘 알려져 있다. 1955년 12월 앨라배마주 몽고메리 시립 공영버스의 흑인 좌석차별 사건 이후, 그는 버스 보이콧 운동을 비폭력 평화 시위로 이끌어 1년 만에 국민적 지지를 얻었다. 1963년의 워싱턴 대행진을 비롯한 많은 흑인 관련 운동과 인권 운동을 이끌어 법률과 제도의 수정과 흑인의 권리를 증진했다. 1964년에 노벨 평화상을 받았고 1968년 흉탄을 맞고 살해당했다.

2월 흑인 역사의 달을 맞아 뿌리 깊은 인종차별에 맞서 노예해방 운동과 인권운동에 앞장섰던 흑인들의 희생과 헌신적인 투쟁에 머리 숙여 깊은 경의와 감사를 드린다. 미국에 사는 모든 사람들은 아직도 남아있는 인종차별의 잔재들을 없애기 위해 새로운 인식과 지속적인 노력이 요구된다.

3월은 수줍은 청년

　3월은 봄이 시작되는 달이다. 수선화 새싹 위에 눈이 내려 쌓이는 것을 보고 애처롭게 여겼다. 꽃을 피우고 말겠다는 수선화의 의지가 고난을 견뎌내고 꽃을 피워 '자기 사랑'이라는 꽃말을 생각나게 한다. 자기를 사랑하는 사람이 이웃도 사랑할 수 있으리라.
　수선화가 필 때쯤 개나리 꽃잎도 나오기 시작한다. 물러가던 추위가 다시 와 겨울의 기운과 봄의 기운이 일진일퇴의 공방전을 벌이기도 한다. 떠나야 할 때 떠나야 아름다운 모습이거늘 지나치게 오래 버티면 자연의 섭리에 어긋나는 것이리라. 개나리 꽃잎 위에 진눈깨비가 쌓인다. 개나리는 소리 없이 미소 지으며 봄의 행진을 멈추지 않더니 꽃을 피워 주위를 밝힌다.
　봄비가 대지를 적시고 나면 나무들이 앞다투어 꽃망울을 틔우고 꽃을 피우기 시작한다. 추위와 눈보라를 오랜 기간 겪은 매화나무 고목일수록 예쁜 매화를 많이 피운다. 옛날 산골에 사는 한 청년이 결혼을 약속한 처녀가 죽자 그녀의 무덤 앞에서 매일 슬피 울었고,

그 자리에 한 나무가 돋아났다. 청년이 그 어린 나무를 집에 가져가 마당에 심고 그녀를 보듯이 돌보았다. 나무에서 아름다운 꽃이 피었고 사람들이 그 나무를 매화나무라고 불렀다. 그 매화나무 곁을 떠나지 않던 새를 휘파람새라고 하였다. 매화의 꽃말은 고결한 마음, 결백, 기품, 품격이다. 소나무, 대나무, 매화나무를 세한삼우라고 하며, 난초, 국화, 대나무, 매화를 사군자라고 한다. 매화는 불의에 굴복하지 않는 선비의 품격을 나타내는 꽃이다. 시류에 따라 가볍게 흔들리는 사람들이 많은 세상이다. 고결한 마음을 지닌 사람이 그립다.

호숫가 수양버들이 연초록을 띤다. 물 위에 떠있는 나뭇가지에는 자라들이 올라와 햇볕을 쬐고 있다. 청둥오리들이 호수 위에서 자맥질도 하고 여유롭게 다닌다. 동네 연못가에서는 겨울잠에서 깨어난 개구리가 기지개를 펴고 몸을 푼다. 새들은 떼를 지어 봄날을 맞아 창공을 자유롭게 날며 비행훈련을 한다. 계곡 개천에선 물소리가 교향악 소리를 낸다.

3월에는 건강한 남녀노소 누구나 활발히 움직이려 한다. 겨울에 꾼 꿈을 본격적으로 실제로 행동으로 옮겨 시작하는 달이다. 3월은 수줍은 청년이다. 움츠렸던 가슴을 펴고 설레는 마음으로 봄을 맞이한다.

산책의 즐거움

내가 거의 매일같이 산책을 하게 된 것은 2020년 3월 이후이다. 이전에도 간혹 산책을 했으나 세계적 전염병인 코로나19가 창궐할 무렵부터 본격적으로 아침에 1시간 정도 산책을 해오고 있다. 아침에 맑은 공기를 마시며 걸으면 기분이 좋아지고 몸도 가벼워지는 느낌이 든다. 어쩌다 걷지 않아 몸의 일부분이 불편할 때도 걷고 나면 나았다. 산책을 하면 육체적 건강이 좋아진다고 말할 수 있다.

햇빛 찬란한 날, 구름 덮인 날, 비 오는 날, 안개 자욱한 날, 눈 내리는 날, 한 발 한 발 걸으며 자연을 관찰한다. 산책길에 안개가 피어오르는 연못을 지난다. 이 연못에는 청둥오리 한 쌍이 노닐기도 하고 새끼 두 마리가 늘어나 네 마리가 즐겁게 지내기도 한다. 머리가 복잡할 때도 언덕에 오르면 세상 걱정이 사라진다. 언덕 위 모퉁이에 수선화 무더기가 있기에 나는 이 언덕을 수선화 언덕이라 부른다. 이른 봄에 피는 이름 모르는 풀꽃들을 만나 가슴 설레기도 한다. 개나리, 장미, 튤립, 연산홍 꽃들을 따라 웃기도 한다. 겨울에 핀 매화, 봄에 핀 수선화, 벚꽃들이 아름다워 사진에 담기도 했다. 여름에는 무궁화를 보며 고국 생각과 향수에 젖는다. 나무 위를 재빠르게 오르고 내리는 다람쥐도, 한가하게 다니는 길고양이도 사랑스럽다. 네 다리로 나무를 기어오르는 너구리의 모습을 처음으로 보았다. 철따라 옷을 갈아입는 숲도 본다. 미국 국기가 게양된 운동장 잔디밭에 떼로 앉아서 풀을 뜯고 날아가는 캐나다 구스들을 보니 시원하다. 연말에 기어가는 꼬마 달팽이를 발견하고 걸음을 멈추고 감탄한 적도 있다. 마치 내일 새해 해돋이 광경을 보러 일찌감치 길을 가는 것 같았다.

  나는 유연한 생명력을 지닌 갈대밭 앞도 지난다. 리틀넥만(Little Neck Bay)과 저 너머 바다를 보면 가슴이 탁 트인다. 물 위에서 자맥질하는 청둥오리와 창공을 나는 갈매기를 보면 활력이 샘솟는 듯하다. 백조 10마리가 편대를 이루어 당당하게 바다를 진행해 나가는 희귀한 광경을 보기도 했다. 이날따라 휴대전화 사진기를 집에서 갖고 나오지 않아 사진을 찍지 못해 아쉬웠다. 멀리 스록넥 다리(Throgs Neck Bridge)도 바라본다. 크로스 아일랜드 파크웨이(Cross Island Parkway)를 달리는 차량들과 하늘을 나는 비행기를 보며 인류의 문명은 이동수단의 발달과 함께 발전되었다고 할 수 있다고 생각했다.

  산책길에 마주친 사람이 밝게 웃으며 가볍게 인사하면 나도 응답하며 명랑해진다. 모르는 사람들이 먼저 웃고 가볍게 인사하는 경우가 많다. 우리는 모두 연결되어 있다. 상대방이 웃으며 인사하면 나도 미소 지으며 인사하게 된다. 웃으면 밝은 기운이 전파된다. 할로윈이나 크리스마스 시즌에는 지나치는 여러 집 앞에 설치된 장식들을 보는 것도 흥미롭다.

  독일의 철학자 니체와 대문호이자 철학자인 괴테는 일정한 시간이면 산책을 했던 것으로 유명하다. 독일의 하이델베르크에는 괴테, 헤겔, 하이데거, 야스퍼스 등 유명한 철학자들이 산책을 하며 사색을 하던 철학자의 길이 있다고 한다. 나도 산책을 하며 사색에 잠기기도 하고 자연과 교감하기도 한다. 하늘과 땅, 생명을 지닌 동물들도 식물들도 모두 아름답다. 산책을 하고 나면 주어진 하루를 감사하며 활기차게 살아야겠다는 긍정적인 마음이 든다. 어려운 일이 닥쳐도 믿음과 용기로 헤쳐 내리라. 산책은 육체는 물론 정신을 건강하게 한다.

작은딸의 꿈의 여정

워싱턴 디시(Washington DC)에서 초등학교 교사로 근무하는 작은딸 현심이 유홀(U-Haul) 트럭에 이삿짐을 싣고 차를 트레일러에 얹고 집으로 이사 왔다. 항공회사 승무원으로 근무하기 위해 초등학교 교사직을 사직하고 왔다. 뉴욕시에서 2년, 워싱턴 디시에서 1년 합쳐서 3년의 학교 교사 경력을 그만두고 유나이티드 에어라인(United Airline) 승무원으로 일하기 위해 지원했더니 합격이 되어 다음 달에 승무원 교육을 받기 위해 휴스턴(Houston)으로 간다고 했다. 나는 넌 잘할 것이라고 격려했다. 며칠 후 결혼하여 메릴랜드에 살고 있는 큰딸 서영이 뉴욕시에 볼일 보러 왔다가 집에 들러 동생의 얘기를 듣고, 학교 교사직을 그만둔 동생을 나무랐다. 나는 동생이 언니에게 상의도 하지 않고 일을 저질러버려 화가 난 것이라고 이해했다. 주관이 뚜렷하고 모든 일을 미리 계획을 세워서 하며 신중한 큰딸은 감성적이며 모험적인 동생의 돌발적인 행동이 불안해 보일 수밖에 없었을 것이다.

큰딸과 작은딸은 부모가 같은 자매이지만 성격도 행동양식도 다르다. 여러 해 전에는 NBC 텔레비전 토요일 아침 '투데이스 쇼(Today's Show)'에 큰딸과 작은딸이 출연하여 자매들(Sisters)에 관해 15분 동안 앵커와 대담한 것이 방송을 타기도 했다. 서영이는 태어난 지 3년 10개월, 현심이는 태어난 지 1년 5개월 되었을 때 서울에서 뉴욕으로 왔다. 내가 상사 주재원으로 뉴욕에 파견되어 온 지 2개월 후에 가족의 일원으로 왔다. 어머니도 이어서 오시어 다섯 식구가 함께 살았다. 두 딸은 내가 엄마, 아빠, 할머니께는 한국말로만 말하게 하고 교회 한글학교에서 한글도 배워 한국말을 잘한다. 내가 5년의 상사 주재원 생활을 마치고 본사 근무 발령을 받았으나 아이들의 교육을 위해 회사를 사직하고 이민 생활을 했다. 내세울 만하게 이룬 것도 없고 부모로서 잘해 주지도 못했는데 두 딸이 비뚤어지지 않게 바르게 성장하여 고마울 따름이다.

작은딸이 유나이티드 에어라인에서 승무원으로 근무한 지 2년 만에 조종사가 되기 위해 회사를 사직했다. 학자금 융자를 받아 항공학교에 입학했다. 항공학교를 졸업 후 오랜 기간 동안 매번 별도의 돈을 내고 경비행기 조정 실습을 했다. 그런 다음 작은 항공회사에 조종사로 취직하여 펜실베이니아주 피츠버그(Pittsburgh)에서 뉴욕주 제임스타운(James Town)으로 운행하는 경비행기를 조종했다. 비행 경력을 쌓은 후 회사를 옮겨 아메리칸 이글(American Eagle) 비행기로 3시간 정도 거리에 있는 곳까지 비행을 하곤 했다. 작은딸은 적은 봉급에 생활하기가 쪼들렸지만 본인이 비행기 조종하는 일을 좋아하여 여러 해 동안 참고 견뎌냈다. 꿈을 이루기 위해서는 단계별로 포기하지 않고 정진해야 하는 건 비행기 조종에서도 예외가 아니다.

마침내 규정된 비행 경력을 채워 유나이티드 에어라인에 조종사로서 입사 신청을 했는데 합격 통지를 받았다. 9년 전에 승무원으로 입사했던 회사인 유나이티드 에어라인에 이번에는 조종사로 입사하게 됐다. 덴버에 있는 유나이티드 에어라인 훈련원에서 교육을 받고 있는 딸에게서 날개의식(Wing Ceremony)에 엄마, 아빠도 참석하라는 요청이 왔다.

유나이티드 에어라인 훈련원에 도착하여 식장에서 작은딸과 반갑게 만났다. 날개 의식이 시작되고 연단에 선 인사들의 연설이 끝났다. 교육받는 보잉737 조종사들이 왼편에 순서대로 한 줄로 서 있다가 호명당할 때마다 한 명씩 앞으로 나가 증서를 받고 기념사진을 찍고 오른쪽으로 내려가서 좌석에 앉았다. 딸이 교육받는 이곳에서 사귄 친구의 아빠는 델타항공 조종사인데 나에게 승무원은 승무원으로만 일하다가 퇴사하는데, 경력을 바꾸어 승무원으로 일하던 회사에 조종사로 재입사한 것은 매우 어렵고 대단한 일이라고 했다. 나는 웃으며 격려와 찬사에 감사한다고 했다. 작은딸은 아파트가 있는 시카고에서 이곳으로 교육받으러 올 때 애완견을 데리고 차로 13시간이나 걸려 운전해 왔다. 작은딸이 미국 내에 다니는 보잉737을 3년 동안 조종했다. 그리고 나서 회사에서 새로 구입한 꿈의 항공기라고 불리는 보잉787 조종사로 선발되어 콜로라도 덴버에 있는 훈련원에서 훈련을 받고 현장실습으로 그리스와 호주를 다녀왔다.

첫 번째 국제선 비행으로 한국을 신청하여 가게 됐다. 그때 엄마, 아빠도 자신이 조종하는 비행기를 타고 함께 가자고 연락이 왔다. 뜻깊고 축하할 일이라 기쁜 마음으로 가기로 했다. 나와 아내는 뉴저지 뉴어크 공항에서 비행기를 타고 6시간 30분 후에 샌프란시스코 공항에 내렸다. 라스베이거스에서 온 딸을 반갑게 만났다. 다음 날 아침에 공항에 가니 유나이티드 항공사 홍보팀이 와서 딸과 인터뷰하고 우리를 동영상으로 촬영했다. 딸이 게이트에서 마이크를 잡고 오늘 자기가 태어난 한국으로 첫 비행하며 부모님과 여러분을 모시고 가게 되어 기쁘다고 하니 탑승을 기다리던 승객들이 박수를 치며 축하했다. 항공사 직원의 배려로 나와 아내는 제일 좋다는 폴라리스(Polaris) 자리에 앉았다.

인천공항에 착륙하기 전 창밖으로 울창한 숲과 바다와 섬을 보았다. 여러 번 한국에 왔지만 이번에는 딸이 조종하는 비행기를 타고 오니 내 가슴이 더욱 설렜다. 내리기 전에 조종사들과 인사를 나누고 조종실에서 딸과 기념사진을 찍었다. 조종사들과 함께 호텔 밴을 타고 여의도에 있는 콘래드 호텔에 와서 배정된 방에 짐을 두고 나왔다. 우리 가족은 여의도 공원을 둘러보았다. 내가 예전에 근무하던 회사의 고층 빌딩을 보니 열정을 다해 산업전사로 일하던 시절이 떠올라 감회가 깊었다. 한강 쪽으로 가는 도중 일제 강점기 한인 최초의 비행사인 안창남 동판을 보았다. 일본에서 활동하던 그가 1922년 여의도 상공에서 곡예비행을 했다. 당시 서울 인구의 6분의 1인 5만 명이 한강변에서 관람했다. 딸에게 여의도에 비행장이 있었다고 했다. 여의도 한강공원에서 한강에 여유롭게 떠다니는 유람선을 보았다. 강 건너 남산 앞에 뜬 무지개가 우리를 환영하는 듯했다. 세월을 타고 흐르는 바람이 얼굴을 따듯하게 스쳐 지나갔다.

시카고 여행

 시카고 공항에 내려 마중 나온 딸이 운전하는 차를 타고 이동하는데 아내가 시카고 물가가 뉴욕보다 훨씬 싸다고 한다. 나는 옛날에 두 번은 출장으로, 한 번은 선교대회에 참석하러 시카고에 세 번 왔었어도 모르던 사항을 아내는 하루 만에 잘도 안다는 생각이 들어 어떻게 아냐고 했다. 아내는 어제 와서 슈퍼마켓에 들러 식료품들을 사서 알았다고 한다. 오늘 아침 공항에 오기 전에 카 워시(Car Wash)를 했는데 3불밖에 안 해 놀랐다고 한다. 딸의 아파트 단지에 있는 슈퍼마켓에 들러 은사 선생님 묘소에 가져갈 꽃을 샀다.
 아파트에 들어가니 애완견 말린(Marlin)이 반긴다. 말린은 미니 골든리트리버(Mini Golden Retriever)로 우리 집에 함께 살 때 내가 데리고 산책하곤 했다. 아파트가 고급스럽고 안전하고 살기에 쾌적해 보여 안심이다. 잠시 후 딸이 말린을 데리고 개 공원(Dog Park)에 가자고 하여 따라 나서니 아파트 단지 내에 있는 개 공원에 개들과 사람들이 반반이다. 신나게 뛰노는 개들을 보니 미국은 개들의 낙원인 것 같다. 딸이 말린을 데리고 아파트 건물 1층에 있는 개 목욕실에 들러 말린의 발을 씻긴다. 애완견을 데리고 사는 사람들의 편의를 위한 시설이 있는 아파트라 젊은이들에게 인기가 있다고 한다.

  2층 아파트에 들어가 말린을 놔두고 우리는 밖에 나와 기다리고 있는 나의 친구를 반갑게 만난다. 시카고에 살고 있는 친구 정석영은 약속한 대로 우리 세 식구를 차에 태우고 내가 주소를 준 은사선생님의 산소가 있는 공동묘지를 향해 달린 지 1시간 30분 만에 도착했다. 공동묘지 사무실에 들러 묘소 가는 길을 알아내 찾아가니 시카고 한인교회묘지 표지석이 보인다. 선생님의 묘소비석을 찾아냈다.

목사 김 일 엽 평안남도 청룡산
꿈을 사는 사람 MAY 6, 1928~NOV. 21, 1976

  고등학교 은사님의 묘소에 오니 참으로 감회가 깊다. 선생님을 생전에 만나 뵈었어야 했는데 세상살이에 쫓기고 허둥대느라 찾아뵙지 못해 죄송할 따름이다. 준비해 간 꽃다발을 비석 앞에 놓고 우리 일행은 묵념을 드렸다. 이어서 나와 친구는 선생님이 생전에 좋아하셨던 찬송가 「내 갈 길 멀고 밤은 깊은데」를 불렀다. 찬송가를 마치고 내가 마감기도를 했다. 마감기도를 드리는데 청량한 새소리가 공중에서 들린다. 마치 선생님이 말씀하시는 것 같다. 선생님은 우리가 졸업한 후 미국에서 신학을 공부하기 위해 학교를 사직하셨다. 그 후 미국에 오셔서 신학대학을 졸업 후 시카고에서 개척교회 목회를 하시느라 수고하시다가 소천하셨다. 푸른 하늘에 흰 구름이 유유히 흐른다.

우리 일행은 차로 30분 정도 달려와 피자전문 식당에서 미리 와 기다리고 있던 친구 부인과 만나 점심식사를 하며 담소를 나눈다. 시카고에서 유명한 Lou Malnatis 피자 전문 식당이라 이곳에 예약을 했다고 한다. 맛있게 점심식사를 하며 따뜻한 대화를 나누었다. 친구 부인과 헤어진 후 친구는 우리를 차로 시카고시 중심지를 보여준다. 모두 함께 밀레니엄 파크 일대를 산책하며 기념사진도 찍으며 즐거워했다. 바다 같은 미시간 호수가 코발트색으로 보인다. 퇴근시간이라 교통체증으로 1시간 20분이나 걸려 도착한 아파트 빌딩 앞에서 친구와 석별의 인사를 나누었다. 다음 날 오전에 내가 미시간 호수를 제대로 보기를 원해 일리노이즈 비치 주립공원(Illinois Beach State Park)을 딸이 운전하여 1시간 걸려 왔다. 5월인데도 찬 바람이 불며 흐린 날씨라 사람들이 보이지 않는다. 호숫가를 거니니 파도가 몰려왔다 부서지곤 한다. 우리의 삶도 수시로 몰려오는 파도를 견뎌내며 사는 것이리라. 한식당에 들러 점심식사를 한 후 공항에서 우리 부부는 딸과 가볍게 껴안고 작별인사를 나눈다. 뉴욕으로 돌아가는 비행기 안에서 내가 즐겁고 뜻깊은 여행이었다고 하니 아내도 그렇다고 한다. 하나님께 감사의 기도를 드린다.

사랑의 친교

　사람들이 만나서 밝게 웃고 고개 숙여 인사하며 사랑으로 친교하는 모습은 아름답다. 먼저 밝게 웃으면 밝은 기운을 이웃에게 전하게 되어 이웃이 기뻐하고 이웃의 기뻐하는 모습을 보면 자신도 즐거워진다. 고개 숙여 인사하면 자신을 낮추고 상대방을 높이게 된다. 사랑으로 친교하면 이웃에게 활기를 주게 되며 이웃도 자신에게 호감을 갖게 되어 분위기가 화기애애해진다.
　사람을 만났을 때 던지는 말 한마디가 상대방을 살리기도 하고 죽이기도 한다. 따뜻한 말 한마디는 이웃에게 힘과 용기를 북돋아 준다. 돈 들이지 않고도 선행을 하는 것이다. 따뜻한 기운은 자신에게도 돌아와 자신을 더욱 온유하게 만든다. 반면에 가시 돋친 말 한마디는 이웃에게 마음의 상처를 주거나 좋은 기운(Energy)이 빠지게 한다. 이러한 파괴적인 행위는 세상 법의 심판을 받지 않는지 모르나 죄악이라고 아니 할 수 없다. 파괴적인 기운은 자신에게도 부정적으로 작용하여 자신의 심성이 더욱 강퍅하게 된다.

좋은 인간관계는 사랑의 친교로부터 시작된다. 사랑의 친교를 하려면 밝은 미소와 친절 없이는 가능하지 않다. 밝은 미소와 친절은 인간을 사랑하는 사람만이 베풀 수 있다. 여행을 하고 난 후에는 어느 곳의 경치나 구경거리보다 여행 도중에 만난 사람의 친절이 기억에 남는 경우가 종종 있다. 내가 오래전에 불란서 파리에 출장 갔을 때 주말에 루브르 박물관에 들른 적이 있다. 전시장 밖 복도를 지나가던 젊은 여성들 중 한 사람에게 모나리자가 어디에 있느냐고 물어보았다. 이 여성은 자세히 위치를 알려 주다가 못 찾을지 모른다고 일행에게 양해를 구하고는 나를 다른 층에 있는 모나리자 그림 앞까지 안내해 주고는 웃으며 돌아갔다. 여행 온 일본의 대학 4학년 학생이었는데 그 친절한 마음씨가 모나리자 못지않게 아름다웠다.

  내가 대구에 출장 갔을 때 기차역에서 지나가던 전혀 모르는 하얀 제복의 미군 여성이 나와 눈을 마주치자 밝게 미소를 지었다. 따라 웃은 나는 기분이 상쾌했으며 신선한 충격을 받았다.

  이웃에게 밝은 미소와 친절을 베풀며 이야기를 경청해 주고 따뜻한 말 한마디로 힘을 북돋아 주는 사랑의 친교는 마음만 먹으면 누구나 할 수 있다. 이는 이웃을 행복하게 하는 일이며 사회를 명랑하고 건강하게 만드는 중요한 일이다. 만나는 한 사람 한 사람을 소중한 사람으로 여기고 마음으로 베푸는 사랑의 친교를 하는 일이야말로 누구나 내일로 미루어서는 안 될 오늘 해야 할 일이라고 생각한다.

뉴질랜드 여행

 나와 아내는 델타 항공을 타고 뉴욕의 존 에프 케네디 공항을 출발한 지 6시간 만에 샌프란시스코 공항에 도착했다. 작은딸을 만나 함께 유나이티드 항공(United Airline)을 타고 13시간 만에 뉴질랜드 오클랜드(Auckland) 공항에 이른 아침에 내렸다. 착륙 전에 비행기에서 내려다보니 섬들이 많고 예쁘다. 어디에서나 아침은 희망을 갖게 하고 가슴을 설레게 한다.
 호텔 방에서 내려다보니 부두에서 떠나는 유람선도, 부두로 돌아오는 여객선도 여유롭다. 갈매기들이 활기차게 날아다닌다. 잠시 휴식을 취한 후 우리는 밖으로 나왔다. 조금 걸어가니 스카이 타워(Sky Tower)가 높이 보인다. 미국 시애틀(Seattle) 스페이스 니들(Space Needle)과 비슷한 모습이다. 렌터카 하는 곳에 들러 차 한 대를 빌려 탔다. 도로에 다니는 차들은 미국만큼 다양하다. 한국이나 미국과 달리 모든 차들의 운전대는 왼편이 아니라 오른쪽에 있는 것이 다르다. 차들이 우측통행이 아니라 좌측통행을 하는 것도 다르다. 운전을 딸이 하니 난 편하다. 거대한 원목들을 실은 트럭도 보인다. 고속도로 부근에 목장들이 많다.

　소들도, 말들도, 양들도 서로 다른 넓은 목장에서 즐겁게 지내고 있다. 맑은 날씨에 구름이 멋대로 흘러간다. 멀리 뭉게구름이 피어오른다. 아름다운 경치를 보며 자유롭게 여행을 하니 기쁘다. 갈수록 양들이 많이 보인다. 어미 곁에서 노는 아기양도 보인다. 목적지인 호비톤 영화촬영지(Hobbiton Movie Set) 주차장에 왔다. 셔틀버스로 갈아타고 영화촬영지로 와서 내렸다. 안내인의 설명을 들으며 2시간 동안 걸으며 관광했다. 경치도 좋고 촬영용 여러 집안의 장식도 흥미로웠다.

　호텔로 돌아와서 주차하고 Viaduct 부둣가로 걸어갔다. 식당에 들어가니 화장실 안내판이 중국어, 일본어, 한글로도 쓰였다. 아시아인들이 많이 오는 곳임을 실감하지만 이날따라 손님들은 많은데 우리 말고는 아시아인이 별로 보이지 않는다. 저녁식사를 마치고 부두와 시내의 밤거리를 천천히 걸어 다녔다.

　다음 날 아침 렌터카를 반납하고 오는 길에 가게에서 몇 가지 물품들을 구매했다. 호텔로 찾아온 뉴질랜드에 사는 교우를 수십 년 만에 반갑게 만났다. 교우의 차를 타고 우리는 첼트넘 비치(Cheltenham Beach)에 갔다. 오클랜드 시내를 벗어나 하버 브리지(Harbour Bridge)를 지나 주거지역 끝자락에 있는 조망이 좋은 곳이다. 이곳 식당에서 점심을 하고 나서 비치를 잠시 걸었다. 바다에서 윈드서핑을 하며 연을 날리는 사람이 이채롭다.

시내로 돌아와 분화구인 마운트 이든에 올라가 지금은 풀로 덮인 옛 분화구들을 보았다. 이 높은 곳에서 주위를 둘러보니 오클랜드 시내와 주변의 건물들과 주택들이 파노라마처럼 펼쳐진다. 뉴질랜드는 북섬과 남섬이 있으며 인구 500여만 명의 4분의 3 정도가 북섬에 살며, 북섬에 있는 오클랜드시에 전체 인구의 3분의 1 가량이 살고 있다. 뉴질랜드는 자연친화 정책을 펴고 있는 청정한 나라이다.

　호텔까지 데려다준 교우와 아쉬운 작별의 인사를 나누었다. 부두에 가서 여객선을 타고 와이히키섬에 왔다. 석양이 지는 배 위에서 멀어지는 오클랜드시도 보고 왼편에 컨테이너를 들었다 내리는 거대한 기중기도 보았다. 택시를 타고 포도원에 있는 식당에 가서 저녁식사를 했다. 포도원은 밤이라 구경할 수 없었으나 장작으로 불을 피우는 벽난로가 있는 운치 있는 식당이다. 배를 타고 돌아오며 오클랜드시의 야경을 즐겼다.

　다음 날 공항에서 좌석이 없어 예정했던 비행기를 못 타서 딸과 헤어졌다. 공항 바로 앞에 있는 호텔에서 잠을 잤다. 그다음 날 호주국적의 Qantas 항공기를 타고 16시간 만에 뉴욕 존 에프 케네디 공항에 왔다.

싱가포르 여행

 나와 아내와 작은딸은 샌프란시스코에서 비행기로 16시간 만에 싱가포르 창이공항에 도착했다. 현대적 공항 건물 안에 물이 흐르고 물고기들이 놀며 열대성 식물들이 함께 살아가는 곳이 나의 눈길을 사로잡는다. 다운타운에 있는 호텔에 가는 동안 운치 있는 고목의 가로수들이 세 줄로 도열해 있는 듯하다. 아파트 건물들과 상용건물들이 많은 것을 보니 매우 발달된 도시의 모습이다. 도시 중심부에 있는 호텔에 입실 수속을 마치고, 여행용 가방을 방에 놓고 나왔다. 택시를 타고 마리나 베이에 가서 싱가포르강 위에서 펼쳐지는 여러 가지 모양과 색깔의 레이저 광선 쇼를 보았다. 화려한 빛의 향연이 고층 빌딩들 앞에서 진행되는 동안 관중들의 환호성이 터져 나왔다. 마리나 베이 샌즈 쇼핑센터에 들러 유명 브랜드 가게들을 둘러보고 오뎅 국수 전문 음식점에서 간단한 음식을 맛보았다. 다음 날 일찍 일어나 호텔에서 뷔페식의 아침식사를 했다. 걸어서 머라이언 공원(Merlion Park)으로 가는 도중에 '일본 점령시기 원난인민 기념비 1942-1945'를 보니 2차 세계대전 중 일본이 이곳도 무력으로 점령·통치했었다는 것을 알 수 있다. 머라이언 공원에 이르니 싱가포르의 국가적 상징물인 상반신은 사자이고 하반신은 물고기 모습인 머라이언이 입으로 강과 바다가 만나는 곳으로 물을 쏟아내고 있다. 옛날 어촌이었던 테마섹에 강풍과 함께 엄청나게 큰 파도가 몰려와 주민들이 신에게 기도했더니 머라이언이 나타나 강풍과 해일과 싸워 물리치고 사라졌다는 전설이 있다. 이어서 풀러턴 호텔 건너편 원 풀러턴 쇼핑몰을 둘러보았다. 깨끗하고 고급 상점들이 즐비했다. 오후에는 센토사섬을 갔다. 먼저 클라우드 파크(Cloud Park)에 들어가니 각종 식물들 가운데 고생대의 공룡과 익룡들의 조형물이 있다. 가든스 바이 더 베이와 플라워 돔에는 각양각색의 식물과 꽃들이 있다. 밖에 나오니 억수로 비가 쏟아져 열대 몬순 기후를 체험했다. 실로소 비치(Siloso Beach)를 걷는 동안 야생 공작새를 보았다. 한두 사람만 다닐 수 있는 폭이 좁은 출렁다리를 건너 정자에 올라, 바다에서 입항을 기다리는 여러 척의 상선을 보니 싱가포르가 중계무역국임을 실감한다. 트램을 타고 이동해서 많은 식물들을 테마별로 심어놓은 곳을 보았다. 센토사섬의 쇼핑몰도 수많은 상점이 손님을 맞이하고 있다. 셋째 날 아침에 걸어가서 식민지 시절 시청 건물과 구 대법원 건물을 합쳐 국립미술관으로 사용되는 건물과 국회의사당 건물을 보았다. 차이나타운에 가니 오밀조밀한 상점들이 많다. 불교사원에 관광객으로 보이는 서양인도 신발을 벗고 들어가는 모습이 보인다. 종교를 가진 국민들은 불교, 기독교, 회교 순으로 많다.

　오후에는 싱가포르 동물원에 갔다. 연못이나 식물 등 자연적 조건으로 동물과 인간 사이의 안전거리만을 유지하는 싱가포르 동물원은 300여 종이나 되는 3,000여 마리의 동물들이 울타리가 거의 없는 트인 곳에서 비교적 자유롭게 살고 있다. 오랑우탄, 코뿔소, 기린 등이 특히 인기를 끌고 있다. 동물들과 함께 수많은 종류의 식물들이 어우러져 살고 있는 모습이 인상적이다. 세계 공항 순위 1위인 창이공항에 가서 40미터 높이의 '레인 보텍스'라는 폭포를 보니 감탄사가 나온다. 폭포수 주변엔 120종의 식물과 나무 2,500그루, 10만 개의 관목으로 계단식 숲이 조성돼 있다. 폭포 주위에 있는 원형 쇼핑몰은 이름대로 보석 같다. 싱가포르는 인도양과 태평양이 만나는 곳에 위치해 있어 중계무역과 아시아의 물류 중추국이다. 다국적기업이 많이 있고 세계 금융의 중추국이기도 하다. 싱가포르는 관광산업을 육성하여 관광대국이 되었다. 나는 돌아오는 비행기 안에서 역동적인 싱가포르를 또다시 방문하는 꿈을 꾼다.

무궁화 사랑

 7월이 오니 어김없이 뜰에 있는 무궁화가 피었다. 거실에서도 유리문을 통해 무궁화를 쉽게 볼 수 있다. 무궁화가 고국을 그리워하는 내 가슴을 달래준다. 내가 사는 뉴욕에는 집 안팎에서 무궁화를 볼 수 있다. 고국을 떠나 미국에 산 지도 수십 년 되건만 무궁화를 볼 때마다 민족의 얼을 되살린다. 무궁화는 7월 초부터 10월 하순까지 매일 아침에 새로운 꽃이 피고 저녁에 진다. 다른 꽃들에 비해 오래 볼 수 있다. 은은한 꽃 색깔과 무궁함, 순수함이라는 꽃말이 어울리는 아름다운 꽃이다. 우리 겨레의 기질과 같은 꽃이다.

 일제 강점기에는 민족정기를 말살하기 위해 무궁화를 뽑아 불태워 버리고 박해하여 구석진 뒷간 부근에나 심었다는 이야기를 초등학교 선생님으로부터 들은 기억이 있다. 무궁화에는 진딧물이 많고 벌레가 많다는 부정적인 이미지를 씌워 심지 말도록 하기도 했다. 나라를 빼앗긴 설움을 무궁화도 겪어야만 했다. 실제로는 벚꽃과 함께 일본의 나라꽃인 국화에 진딧물이 많다.

무궁화는 단군 조선시대 이래 우리 민족의 역사와 함께 있어왔다. 무궁화는 조선시대 이후에 불린 이름이고 그 이전에는 목근 또는 근화라고 불렀다. 고대 중국에서는 한반도의 나라를 무궁화가 피고 지는 군자의 나라라고 했다. 신라시대 최치원이 초안한 당나라에 보내는 외교문서에 신라를 근화향-무궁화의 나라라고 기술했다. 고려에서도 외교문서에 무궁화의 나라라고 표기했다. 무궁화는 씨를 심어서 또는 꺾꽂이로도 번식되며 추위와 공해에도 강하다. 조선시대 장원급제자 머리에 꽂은 꽃이 무궁화였고, 신라 화랑의 원조인 국자랑은 머리에 무궁화를 꽂고 다녔다고 한다. 무궁화는 여러 종류가 있으나 우리나라에 많은 것은 백단심계와 홍단심계이다. 무궁화는 영어로는 Rose of Sharon이라고 하며 성스러운 곳에서 피어나는 아름다운 꽃이라고 한다.

　김영만이 지은 소책자 『무궁화 나라』라는 책을 최근에 읽고 대한민국 어린이들이 만든 무궁화의 날이 8월 8일이라는 사실을 새롭게 알았다. 2006년 3월 무궁나라 홈페이지에 한 어린이의 "왜 무궁화의 날은 없나요?"라는 글이 실려 사단법인 무궁나라에서 무궁화의 날 제정의 필요를 인식하고 무궁화 어린이 기자단과 함께 국민들의 서명을 받아 정부에 건의했다. 정부 부서로부터 무궁화의 날을 정부에서 제정하기는 어렵다는 회신을 받았다. 2007년 7월 1일부터 계속적으로 국민들의 서명을 받아 정부에서 주관하는 대한민국 어린이 국회가 8월 7일 열려 8월 8일 무궁화의 날이 선포되었다. 무궁화의 날은 무궁화의 소중함과 겨레사랑, 나라사랑을 고취시키기 위한 기념일이다. 우리가 어디에 살든지 우리나라 꽃인 무궁화를 사랑하며 한민족의 기상을 떨쳐 나가기를 소망한다.

야구 관람

 2022년 9월 초에 가족과 함께 뉴욕 메츠 야구장인 시티필드에 차로 갔다. 무더위가 지나고 코스모스가 하늘거리는 초가을의 쾌적한 날씨였다. 가족, 친구, 친지들과 함께 온 사람들의 얼굴 표정이 밝았다. 시티필드는 뉴욕 퀸스 플러싱에 위치해 있으며, 내셔널리그 팀인 뉴욕 메츠의 새 홈구장이다. 2006년에 착공을 하여 2009년에 완공되었다. 시티필드는 시티그룹이 메츠에게 20년간 4억 달러를 지불하는 조건으로 명명권을 얻었다고 한다. 밖에서 보는 경기장 모습은 로마제국시대에 지은 로마의 콜로세움 경기장과 비슷하다.
 코로나 오미크론 사태가 아직 끝나지 않았으나 뉴욕 메츠와 로스앤젤레스 다저스와의 경기에는 43,000명을 수용할 수 있는 구장에 평일임에도 37,000명의 많은 관중이 왔다. 푸른 하늘 아래 아름다운 잔디구장에서 야구를 하는 선수들을 보는 것은 즐거운 일이다. 다저스는 아메리칸 리그 서부지구 1위이며 2년 전에도 월드챔피언의 영예를 거머쥐었던 강팀이다. 뉴욕 메츠는 현재 내셔널리그 동부지구 1위이다. 야구 경기는 두 팀이 비슷한 전력일 때

투수가 승패의 70% 정도를 좌우한다는 말이 있을 정도로 투수의 활약이 중요하다. 이날 메츠의 선발투수는 배싯 선수였고 다저스의 선발투수는 관록의 커쇼 선수가 부상 후 오랜만에 등판했다. 원정팀인 다저스의 선공으로 시작된 경기는 1회 말 뉴욕 메츠가 1점을 얻었고 2회 초 다저스가 2점을 얻어 경기가 역전되었다. 메츠가 6회에 2점을 얻어 재역전되었고 7회에도 2점을 얻어 5 대 2로 리드한 가운데 다저스가 8회에 1점을 만회하는 데 그쳐 결국 메츠가 5 대 3으로 승리했다. 승패를 예측하기 힘든 경기라 홈구장 팬들이 메츠를 열렬히 응원했고 승리의 기쁨을 누렸다.

　이튿날은 롱아일랜드기차를 타고 메츠 구장인 시티필드에 갔다. 워싱턴 내셔널스와의 경기는 메츠가 2회 에스코바 선수의 우측 홈런과 6회 알론소 선수의 좌측 홈런에 힘입어 7:3으로 크게 이겼다. 메츠에서 홈런이 두 방이나 터져 관중들의 우레와 같은 함성이 터져 나왔다. 야구 관람을 통해 열정과 기량과 젊음과 패기를 보았다. 경기가 끝난 후 불꽃놀이가 있었다. 폭죽이 하늘로 올라가 터질 때마다 관중들의 환호성도 터졌다. 밤하늘을 찬란하게 수놓는 불꽃을 보며 꿈과 희망도 보았다. 승리를 위해서는 평소에 체력을 단련하고 기량을 연마하며 정신력을 길러야 한다. 더하여 운이 따라야 한다. 세상의 모든 일이 마찬가지이다. 승리했다고 오만할 수 없고 패배했다고 절망할 수 없다. 뉴욕 양키스는 월드시리즈에서 2009년 포함하여 27회나 우승했다. 메츠는 1986년 우승 후 이제까지 우승을 못 하고 있다. 뉴욕 메츠가 최선을 다해 순항하기 바란다. 렛츠 고 메츠 Let's go Mets!

2022 유에스 오픈 테니스 관람

 2022 유에스 오픈 테니스(US OPEN TENNIS) 대회 첫 경기가 열리는 날인 8월 29일 뉴욕시 플러싱에 있는 경기장에 갔다. 롱아일랜드 고속도로 서쪽 방향으로 그랜드 센트럴 파크웨이 교차로에서 파킹장까지 가는 데는 교통체증으로 50분 정도 걸렸다. 7번 전철이나 롱아일랜드 기차로 오는 사람들도 많았다. 아직 코로나19 사태가 끝나지 않았으나 수만 명의 사람들이 경기를 보러 왔다.
 세계 각국에서 선발되어 온 선수들이 한 번 지면 탈락하는 토너먼트 방식으로 경기를 한다. 남자 단식, 여자 단식, 남자 복식, 여자 복식, 혼합 복식, 주니어, 시니어 대회가 있으며 휠체어 선수를 위한 부문도 있다. 2022 유에스 오픈 전체 상금은 60,102,000달러다. 최종 승자가 되기 위해서는 단식의 경우 7번의 경기를 모두 이겨야 한다. 모든 경기가 중요하다. 평소에 쌓은 힘과 기량과 투지와 끈기가 결합되어 승리를 이루는 것이다. 관객들은 선수들의 멋진 경기를 보며 환호한다. 러시아 선수들은 러시아의 우크라이나 침

공으로 제재를 받아 나라 이름 없이 개인 이름으로 참가했다.

여러 코트에서 경기가 진행 중이었다. 한 코트에 들어가 보니 일본 남자 선수인 니시오카 요시히토와 스페인의 알레한드로 포키나 선수가 경기를 했다. 일본 선수가 패배하자 화풀이로 라켓을 부러뜨렸다. 라켓이 무슨 죄일까. 경기에서 최선을 다하고, 지면 자신의 역량 부족으로 알고 상대선수에게 축하의 인사를 하는 것이 진정한 운동선수의 자세일 텐데. 다른 코트에 가서 남자 선수들의 경기를 보았는데 모두 셔츠가 땀에 흠뻑 젖어 몸에 달라붙을 정도로 온 힘을 다해 뛰는 것이 인상적이었다. 한국에서는 권순우 선수가 참가하는데 아쉽게도 이날 경기가 없었다. US 오픈에서 한국 선수가 올린 최고 성적은 1981년에 여자 이덕희 선수가 16강에, 남자 이형택 선수가 2000년과 2007년에 16강에 오른 것이다.

캐나다의 비앙카 안드레스쿠 선수와 프랑스의 하모니 탄 선수의 대결은 한 경기씩 이겨 1 대 1에서 캐나다 선수가 한 게임을 더 이겨 승리했다. 세계랭킹 2위였던 튀니지의 여자 선수 온스 자베르와 미국의 메디슨 브랭글 선수의 경기도 듀스까지 가는 접전 끝에 관록의 온스 자베르 선수의 2 대 0 승리로 끝났다. 두 선수 모두 최선을 다하는 모습이 아름다웠다. 선수의 국적에 상관없이 좋은 경기를 펼칠 때마다 박수를 보내며 격려하는 관중들의 수준이 높아 보였다.

1881년에 시작된 유에스 오픈 테니스 대회는 1978년부터 뉴욕 퀸즈의 플러싱 메도우-코로나 파크에 있는 빌리진킹 국립 테니스 경기장에서 매년 8월 하순부터 9월 중순까지 2주 동안 열린다. 뉴욕의 한인이 많이 사는 곳에서 가까운 경기장이다. 경기장 남쪽 입구 앞 지구본 상징물인 Unisphere 주위 분수대들이 물줄기를 세차게 올리고 있다.

미네와스카 뉴욕주립공원 산행

 새벽에 뉴욕시에 있는 집을 떠났다. 미네와스카 뉴욕주립공원으로 산행을 가는 날이니 내 가슴이 설렌다. 드록넥 브리지(Throgs Neck Bridge)와 조지 워싱턴 브리지(George Washington Bridge)를 지나 팔리세이드 파크웨이에 있는 중간 집결지에 1시간 만에 도착했다. 일행과 반갑게 인사를 주고받았다.
 일행이 모두 모인 후 차 세 대로 갈아탔다. 나는 한 부부 차를 탔다. 주립공원 입구에 오니 차량 줄이 길다. 단풍철이라 평소보다 많은 사람들이 왔다. 높은 언덕길을 차로 올라 주차했다. 멀리 캐츠킬 산들이 보인다. 지은 지 몇 년 안 된 방문객 센터(Visitor Center)에 들렀다. 화장실은 깨끗했고 서식하는 동물들의 모형물 등 시설도 잘되어 있다.
 미네와스카 호수가 맑은 하늘을 품고 있다. 미국 원주민(American Native Indian) 말로 미네(Mine)는 '물', 와스카(Waska)는 '좋은'이라는 뜻이다. 미네와스카는 좋은 물, 좋은 호수를 뜻한다. 미네와스카 호수는 작은 바위산으로 둘러싸여 있다. 왼쪽 바위산 위에 돌집 한 채가 있다. 우리는 호수 오른편으로 걷다가 다시 오른쪽으로 가기를 거듭한다. 1시간 정도 걸으니 큰 계곡이 보이기 시작한다. 갈수록 내려다보이는 이편과 저편의 폭이 커진다. 단풍으로 얼룩진 풍광이 펼쳐진다. 단풍잎들은 떨어지기 전에 이 세상에서의 삶을 말하지 않고 색깔로 표현하는 듯하다.

걸음을 멈추고 넓은 바위판 위에서 계곡의 단풍들을 내려다본다. 색동옷을 차려입은 나무들, 아직 단풍이 들지 않은 초록 나무들, 사계절 초록색 침엽수들이 빽빽하다. 나는 단풍으로 불타는 경치를 사진 찍었고 동영상도 촬영했다.

다시 걷고 또 걷는다. 미국 원주민(American Native Indian)들이 이 지역에 살았던 때를 떠올리며 그들의 자취를 찾아보려 두리번거렸으나 눈에 띄지 않는다. 콜럼버스가 미 대륙을 발견하기 전에 오랜 세월 동안 원주민들은 이 땅에서 자유롭게 살아왔다. 원주민들이 이 지역에 살기 전에 암석들은 셀 수 없이 오랜 세월 동안 존재했으리라. 절벽이 보이는 바위판으로 건너간다. 암석 사이에 한 걸음 정도의 깊은 공간이 주의를 기울이게 한다. 일행이 모두 안전하게 넓은 바위로 이동했다. 단체로 기념사진을 찍었다. 한 부부가 용감하게 30여 미터 아래로 내려가 또 다른 바위판으로 가서 손을 흔들며 웃는다.

왼편 암석판 상단이 부분적으로 잘려나간 곳 아래 둘레길을 걷는다. 오른편으로는 단풍진 나무들과 침엽수들이 있다. 둘레길 왼편 위로 올라가 둘러앉아 김밥으로 점심식사를 했다. 일행 중 한 분이 집에서 끓여 온 차를 보온병에서 따라 마시니 내 속이 따뜻해진다.

  계곡 상공에 드론이 떴다. 산행대장이 조종하는 드론이다. 멀리 날아 단풍진 계곡을 자세히 촬영하고 돌아온다. 모두 박수를 쳤다. 방문객 센터로 돌아와 일행과 헤어졌다. 과수원에 들러 사과를 산 후, 내 차가 있는 곳까지 차를 태워 준 부부께 작별의 인사를 했다.

  오늘 푸른 하늘 아래 가을 햇볕 받으며 단풍숲길을 산책했다. 아름다운 자연과 교감하고 이웃과 소통하니 내 영혼에 감사와 기쁨이 넘쳐난다. 차를 몰아 조지 워싱턴 브리지를 지나는데 새들이 멋진 대형을 이루어 허드슨강 위를 날아간다. 그 위로 연노란색을 띤 달이 떠있다. 이로부터 30여 분 후, 드록넥 브리지 위를 가는데 아까보다 진한 노란색 달이 세상을 고요히 비추고 있다.

누구에게나 필요한 휴가

　금년 여름엔 세계적으로 더위가 극성을 부리고 있다. 어제 한국에 있는 친지에게 안부전화를 하니 너무 무더운 날이 많아 지내기가 힘들다고 했다. 더울 때는 사무실에서 일하는 사람도 능률이 떨어진다. 야외에서 일하는 사람은 직사광선에 노출되어 밭일을 하던 농부나 건설 계통 일을 하던 노동자가 호흡곤란을 일으켜 소중한 목숨을 잃기도 한다. 정신노동이나 육체노동을 오래 하면 몸이 피로해지고 정신도 맑지 않게 되어 휴식이 필요하다. 미국의 포드 자동차 회사 창업주인 헨리 포드는 "휴식은 게으름도 멈춤도 아니다. 휴식을 모르는 사람은 브레이크 없는 자동차 같이 매우 위험하다."라고 했다. 충분한 휴식을 취하기 위해 휴가를 간다. 직장인들이 휴가를 많이 가는 계절이 한여름인 7월, 8월이다. 누구나 무더위에 지치게 되는 시기이고, 자녀가 학생인 가정에서는 학교가 방학을 하여 가족이 함께 휴가를 떠나기 적당하기 때문이다. 휴가의 시기는 개인의 사정에 따라 조정할 수 있다.

휴가를 못 가는 사람들은 대부분 바빠서 가지 못한다고 한다. 바쁜데도 불구하고 휴가를 가는 것이 누구에게나 요망된다. 일상에서 벗어나 호숫가나, 바닷가나 숲이 많은 곳으로 가서 휴가를 즐기든지 역사유적지 탐방을 하면 그동안 쌓였던 스트레스도 떨쳐내고 몸과 정신을 재충전하여 새로운 활력으로 살아갈 수 있다. 미국에 처음 와서 한국과 달리 여름에 휴가로 휴업한다는 표지를 문에 붙인 가게들을 드물지 않게 볼 수 있었다. 대부분의 미국인들은 휴가 가는 것이 생활화되어 있다.

프랑스에서는 7월, 8월에 한 달 내지 5주 동안 휴가를 가기 때문에 관광지를 제외하고는 문을 닫는 작은 가게들이 많다. 프랑스 사람들은 1개월 동안 휴가 가기 위해 1년의 나머지 기간 동안 일을 한다고 말할 정도이다. 기업체는 물론이고 개인이 고용한 아르바이트로 일하는 사람에게도 유급휴가를 주어야 한다. 프랑스에서는 휴가를 바캉스라고 하며 이는 '비워진'이라는 라틴어 베큐어스(Vacuss)에서 유래한다.

사람들은 욕망을 이루기 위해 일을 한다. 학문을 연구하기 위해, 돈을 벌기 위해, 꿈을 이루기 위해 일을 하며 생활에 필요한 재화를 획득한다. 지나치게 욕망을 채우는 것은 욕심이다. 욕심이나 일상의 생활로 혼탁해진 마음을 비우고, 충분한 휴식을 통해 새로운 활기를 채우는 휴가는 필수적이다. 어렸을 때 읽은 『개미와 베짱이』라는 이솝 우화가 생각난다. 여름에 노래만 부르던 베짱이가 겨울이 오자 먹을 것을 구하러 개미한테 가서 식량을 달라고 하니 개미가 일하지 않고 놀기만 한 베짱이를 조롱한다는 이야기로 기억한다. 아이들에게 근면을 강조한 것이지만 실제로는 개미가 짧은 일생을 노래하는 베짱이나 매미를 우습게 여길 자격은 없다. 오히려 베짱이나 매미의 멋과 여유를 부러워하지 않을까. 곤충학자의 연구에 의하면 개미들 중에 20퍼센트만이 일을 한다고 한다.

무슨 일이든 열심히 일한 사람일수록 휴식을 위한 휴가가 절실히 요망된다. 한인 이민사회에서도 그 사람은 일만 열심히 하느라 여행 한번 가지도 못하고 이 세상을 떠났다는 이야기를 듣는 것은 참으로 안타까운 일이다.

뭉게구름이 여러 모양으로 피어나는 푸른 하늘, 수많은 나무들과 여러 종류의 식생들이 조화롭게 살고 있는 숲, 손과 발을 담그면 뼛속까지 차갑게 느껴지는 맑은 물이 흐르는 계곡, 출렁이는 파도 소리 들으며 수평선을 바라볼 수 있는 바다, 쏟아질 듯 수많은 별들이 향연을 펼치는 밤하늘 등 자연과 함께 호흡하며 사색과 치유와 회복의 시간을 갖게 하는 휴가는 누구에게나 필요하다.

범사 감사

  한국에서 와서 뉴저지 딸네 집에 방문하고 있는 친구 부부를 아내와 함께 찾아가 만나니 반갑다. 원래는 친구 부부를 차로 데리고 나가 식당에서 점심식사를 하고 하이킹을 하기로 하고 갔다. 친구 부부가 딸네 집에 정갈한 음식을 벌써 차려 놓고 권유하여 이곳에서 점심을 들며 담소를 나누었다. 식사 후에 친구에게서 '범사 감사'라는 한문 붓글씨 액자를 선물로 받았다. 참으로 귀한 선물을 받으니 내가 기분이 좋아 웃으며 감사한다고 하니 친구가 아니라며 웃는다. 언제 서예를 했냐고 아내가 물어보니 친구가 20년 동안 붓글씨를 했으며 국전에서도 우수상을 받았고 수상 작품은 높은 가격에 팔렸다고 친구 부인이 알려 주었다. 그동안 한국에서도 미국에서도 여러 차례 만났는데 말없이 붓글씨 예술에 정성을 기울인 친구가 새삼 존경스럽다.

  친구 부부와 아내를 차에 태우고 미네와스카 뉴욕주 주립공원에 갔다. 이전에 왔을 때와 달리 방문객 안내소 건물이 지어졌다. 친구 부부와 함께 숲과 바위와 산정호수가 어우러진 자연을 감상하며 걸으니 즐겁다. 뉴저지 팰리세이즈파크 한국식 음식점에서 저녁식사 후에 딸네 집 앞에 갔다. 친구와 허그하고 나서 서로 감사하다고 했다. 친구 부인도 아내와 허그하며 작별인사를 했다.

 성경 데살로니가 전서 5장 18절에 "범사에 감사하라."라는 구절이 있다. 선물을 받았을 때는 누구나 감사한다. 자신이 위험한 상황에서 안전하게 구출되었을 때도 감사하지 않는 사람은 없다. 하지만 범사에 감사하지 않고 지내기 쉽다. 이 세상에서 혼자 살아갈 수는 없다. 많은 사람의 도움으로 살아간다. 겸손한 마음으로 하늘에 감사하고 이웃에 감사하는 사람이 기쁨을 누리고 행복할 수 있다. 범사에 감사하며 사는 것은 즐거운 일이며 행복에 이르는 길이다.

 부모가 사랑으로 오랫동안 양육했어도 당연한 것으로 여기고 부모가 돌아가신 후에야 때늦게 후회하기도 한다. 가까운 사이일수록 감사의 표현을 안 하기도 한다. 인간이 자연의 혜택을 입고 살면서도 자연에 감사하지 않고 보호하지 않아 막대한 피해를 입기도 한다. 우리는 어려울 때 이웃의 위로와 격려로 힘과 용기를 얻는다. 사랑과 호의를 받으면 마음으로부터 감사하고 감사의 마음을 반드시 표현해야겠다. 감사를 자주 할수록 마음이 기쁘고 행복해지며 선행을 하게 되며 불행의 씨앗인 악행을 멀리하게 된다. 살아있음에 감사하고 사랑의 눈으로 보면 감사할 이유가 많다. 많은 분의 사랑과 은혜로 살아왔음에도 때때로 감사하지 못했다. 친구에게서 '범사 감사' 붓글씨 액자를 받은 것을 계기로 더욱 범사에 감사하며 살련다.

3부
텃밭과 꽃밭

계묘년 새해에

새해 첫 산행

정월 대보름에

3월에 유관순 열사를 기리며

경칩에

텃밭과 꽃밭

10년 만에 고국 방문

기묘한 인연

여름날의 소나기처럼

학창 시절 사진

양수리

철원과 한탄강 주상절리

케이크

발전된 조국의 모습들

한국과 일본과의 발전적 관계

진주는 빛나는 보석

계묘년 새해에

 새해가 밝았다. 2023년은 60간지 조합에서 계묘년 검은 토끼의 해라고 한다. 토끼는 영리한 동물이고 검정색은 지혜를 상징한다. "산토끼 토끼야 어디를 가느냐 깡충깡충 뛰면서 어디를 가느냐 산 고개 고개를 나 혼자 넘어서 토실토실 밤토실 주워서 올 테야 ♬" 내가 초등학교 1학년 때 학교에서 배우고 부르던 노래이다. 이 노래를 부르면 귀여운 토끼가 고개를 넘는 정겨운 모습이 떠오르고 마음이 명랑해진다.

 토끼의 눈은 순수하기 그지없다. 초식동물로서 다른 동물을 공격하지 않는다. 앞다리는 짧고 뒷다리가 길어 깡충깡충 언덕을 잘 올라간다. 동작이 빠르고 부지런하다. 영리하여 별주부전에서는 간을 햇빛에 말리느라 육지에 두고 왔다고 속여 위태로운 상황에서 벗어나기도 한다. 크고 긴 귀는 작은 소리도 잘 듣고 민첩하게 반응한다. 토끼는 고구려 고분벽화에서도 볼 수 있다. 고려청자인 '청자 투각 칠보무늬 향로'에도 향로를 받치고 있는 세 마리의 토끼가 있다. 반

달이라는 동요에서는 "계수나무 한 나무 토끼 한 마리 ♬"라는 구절이 있을 정도로 우리 민족은 옛부터 토끼를 친숙하게 여긴다. 토끼는 굴을 평소에 세 개나 파 놓아 천적의 습격에 대비한다고 한다.

지난 3년 넘은 세계적인 코로나19 사태로 인한 가파른 물가상승, 금리인상, 유가급등으로 인한 물류 대란 등으로 세계적인 경기침체에 직면해 있다. 러시아와 우크라이나의 전쟁, 중국의 미국 패권에 대한 도전, 핵무기를 보유한 북한의 핵 위협 등 국제정치에 있어서도 위험이 커져가고 있다. 탄소소비 증가와 삼림파괴로 지구촌 곳곳에서 기상이변이 일어나고 있다. 중국의 위드(With) 코로나 정책전환으로 수개월 내에 600여만 명의 중국인이 사망하리라는 전문가의 예측이 있다. 한국과 미국에서도 빈부격차의 심화로 인한 사회적 갈등이 있다. 기술혁신과 경기침체로 인한 실업률 증가로 경제가 더욱 어려워지고 있다.

불확실성 시대에 토끼의 장점을 본받아 새로운 마음가짐으로 각자의 위치에서 위기를 슬기롭게 대처해 나가면 좋겠다. 고위직에 있는 사람일수록 귀를 크게 열어 여러 사람의 의견을 듣고 최선의 방책을 모색하는 것이 바람직하다. 조급해하지 말고 차분히 문제를 하나하나 풀어나가야겠다. 어차피 넘어야 할 언덕이라면 두려워하지 말고 할 수 있다는 굳건한 믿음으로 부지런히 시도할 필요가 있다. 신은 스스로 돕는 자를 돕는다고 한다. 2023년 계묘년 새해에 하루하루 표적을 향해 끈기와 열정을 지니고 생활하여 어느새 언덕을 넘은 우리 자신을 발견하고 뿌듯해지기를 소망한다.

새해 첫 산행

오랜만에 해리만 뉴욕주 주립공원으로 일행과 함께 산행을 한다. 코로나19 사태 발생 후 처음이자 2023년 새해 첫 산행이기도 하다. 해리만 주립공원은 47,525에이커로 뉴욕주 라클랜드 카운티와 오렌지카운티에 걸쳐 있다. 뉴욕주에서 두 번째로 큰 주립공원이다.

뉴욕시에서 차로 1시간 정도 거리에 있다. 표식이 있는 산행길만 40여 개 있으며 모두 200여 마일에 이르러 등산객들이 좋아하는 곳이다. 호수는 31개나 있으며 개천도 많다. 산행길은 뉴욕, 뉴저지 산악회 회원들의 자원봉사로 관리되고 있다. 한인들이 많이 가는 세븐 레이크와 다이아몬드 마운틴도 해리만 주립공원 안에 있다.

먼저 맨손체조로 준비운동을 하고 나서 재키 존스 산에 들어간다. 입구에 인접한 도로에서는 바람이 거세게 불었는데 산으로 들어오니 잠잠하다. 추위와 눈보라를 견디어 낼 나무들이 의연해 보인다. 나무들은 불평 없이 자연에 순응하며 긍정적인 삶을 산다. 떨어진 잎사귀들은 여러 해가 지나면 토양의 거름이 된다. 걷다 보니 갈림목이 나와 오른쪽으로 간다. 갈림목에서 잘못 가면 길을 잃고 헤매게 된다.

돌과 바위 위를 걷게 되고 오르막길과 내리막길도 있고 비스듬히 돌아가는 길도 있어 산행을 하는 것이 단조롭지 않고 흥미롭다. 걷다 보니 힘이 들어가던 길을 멈추고 잠시 휴식한다. 산은 햇빛과 바람과 물을 받아들여 동물과 식물 등 많은 생명체의 터전이 되고 있다.

쓰러져 있는 큰 나무들이 보인다. 산속에 쓰러져 있는 나무들을 옮기려면 비용이 많이 들기에, 거름이 되라고 내버려두고 있는 것이리라. 산길 가까운 곳에 쓰러져 있는 나무가 오랜 세월 동안 비와 바람을 맞았는지 흙으로 변하고 있다. 세상에 있는 모든 동식물은 언젠가는 흙으로 돌아가는 것이 자연의 이치이다. 인간의 육체라고 예외일 수 없다. 죽음이 있기에 살아있는 동안 열심히 살아야겠다.

개천을 만나 발이 물에 빠지지 않도록 중간에 놓인 돌들을 조심스레 딛고 건넌다. 다시 오르막과 내리막을 반복해 오래 걷는다. 참을성과 끈기 없이 산행을 하기는 어렵다.

목적지인 쉘터(Shelter)에 도착했다. 주위에서 주워 온 나뭇가지와 가랑잎을 아궁이에 넣고 불을 지핀다. 일행이 마루에 둘러앉아 가져 온 음식을 꺼내놓는다. 가스 곤로에 고기를 굽는다. 떡국도 끓인다. 푸짐한 점심식사이다. 일행의 요청으로 나의 시 3편을 낭송한다.

바위 위에서 둘러보니 멀리 허드슨강이 동서로 푸르다. 동남쪽으로는 맨해튼 빌딩숲이 아스라이 보인다. 새해 첫 산행으로 내 영혼이 깨끗해진 느낌이다. 산의 정기를 듬뿍 받아 속세로 돌아간다.

정월 대보름에

　정월은 음력 1월을, 보름은 음력 15일을 말한다. 정월 대보름은 새해 들어 맞이하는 첫 번째 보름이다. 새해 세배는 정월 대보름 지나서는 하지 않았다. 연날리기도 하지 않았다.
　설날부터 시작한 새해의 축제는 정월 대보름에 끝난다고 볼 수 있다. 이 기간 중에는 빚 독촉도 하지 않았다고 한다. 정월 대보름은 겨울에 구할 수 있는 농산물을 재료로 하여 만든 음식을 먹고 놀이를 즐기는 날이었다.
　우리 민족이 정월 대보름에 음식을 잘 차려 먹고 여러 놀이를 즐긴 것은 농경문화에서 비롯된다. 입춘이 지나 열흘 정도 지나서 맞이하는 정월 대보름은 농한기가 끝나고 잘 먹고 잘 놀고 건강한 신체로 올해 농사 준비를 하기 위함이다. 마을 사람들이 모여서 마을 수호신에게 동제를 지내며 질병과 재앙에서 벗어나기를 빌었다. 동제를 통해 마을 사람들의 화합을 도모했다. 풍요의 상징인 둥근 달을 보며 건강과 평안을, 풍년과 공동체의 안녕을 빌기도 했다.

민속놀이로는 깡통 안에 불을 놓아 돌리는 쥐불놀이가 있다. 쥐불을 돌리며 소원을 빌면 이루어진다고 했다. 논두렁에 불을 놓아 병충해를 태워 없애기도 하고, 불탄 재는 비료가 되기도 했다. 단체 경기인 줄다리기는 짚으로 만든 동아줄을 왼편, 오른편으로 나눠 많은 사람이 참여하여 자기편 쪽으로 힘을 다해 당겨 상대편을 자기편 쪽으로 많이 끌어오면 이기는 경기로 주민들의 유대감과 협동심을 갖게 했다.

이 밖에도 횃불을 들고 언덕에 올라가 달뜨는 것을 기다리는 영월(迎月), 다리에 병이 생기지 않기를 바라면서 다리를 밟는 답교(踏橋) 놀이, 솔가지를 쌓아놓고 불을 붙이는 달집태우기, 집집마다 방문하여 풍물을 쳐주고 뛰어 노는 지신밟기 등 다양한 민속놀이가 있었다. 나와 쥐불놀이와 줄다리기를 함께하던 친구들은 지금 어디서 무엇을 하고 있는지 그립다.

내가 어렸을 때부터 어머니는 대보름 하루 전날 저녁에는 찹쌀, 검은콩, 팥, 찰수수, 차조로 지은 오곡밥과 시금치, 시래기, 고사리, 콩나물, 고구마순, 호박고지, 가지나물, 무나물, 취나물 등으로 무친 아홉 가지 나물을 주시곤 했다. 날밤, 호두, 잣, 은행, 땅콩을 이로 깨서 먹는 부럼 까기도 했다. 부스럼이 나지 않도록 바라는 관습에서 나온 것이다. 개인이 바늘 위에 잣을 꽂아 불을 피워 불이 잘 일어나면 올해 개인에게 행운이 깃든다고 했다.

다음은 「정월 대보름달」이라는 제목의 나의 졸시이다.

정월 대보름에/둥근 달을 보니/그리운 사람들 떠오르네//시간과 공간 너머/어디에 있든지 /평안을 비네//저 달처럼 넉넉한 마음으로/모든 것 포용하고/살포시 미소 띤 얼굴로/여유롭게 살고파라

3월에 유관순 열사를 기리며

　3월은 삼일절로 시작된다. 3·1 운동은 1919년 3월 1일을 기해 일어난 우리 민족의 독립만세운동이다. 전국적으로 각계각층이 참여하여 세계인으로 하여금 한민족에 대한 인식을 새롭게 하였다.
　이는 독립운동 지도자들에 의해 중국 상하이에서 대한민국 임시정부 수립으로 이어졌다. 독립선언서를 낭독하고 비폭력 평화적인 시위가 일제의 총칼에 좌절을 당하자 독립운동가들이 항일 무력투쟁을 벌이게 되는 계기가 되기도 했다.
　3·1 운동은 일제의 통치에 항거하고 독립을 해야 한다는 민족의식을 고취시킨 우리 민족 최대의 독립운동이다. 삼일절이면 떠오르는 대표적인 인물이 유관순 열사이다. 유관순은 독립선언서에 이름을 올린 민족지도자 33인은 아니다. 유관순은 이화학당에서 조국 독립을 기원하는 기도회에 참여하곤 했다. 이화학당 학생으로 교장의 만류에도 3·1 독립만세 운동에 친구들과 적극적으로 참여하였다. 일제에 의해 학교가 휴교 조치를 당하자 고향인 천안에

가서 태극기를 만들고 병천시장 아우내 만세운동을 주도하여 부모가 일제 헌병들의 총탄을 맞고 살해되었다. 유관순 열사는 체포되어 복역 중 천인공노할 고문으로 인해 방광과 자궁파열로 18세의 나이에 서대문 형무소에서 순국했다.

오늘날은 애국애족을 말하면 시대에 뒤떨어졌다고 생각하는 사람들이 있으나 유관순 열사와 같은 애국자들이 목숨을 바친 독립운동으로 나라를 되찾아 지금의 번영을 이루고 있다는 사실을 알아야 한다. 일본을 용서하고 미래지향적으로 상호 협력관계를 유지하는 것은 좋은 일이나 역사를 잊어서는 아니 된다.

삼일운동은 1차 세계대전 후 파리 베르사유에서 열린 강화회담에서 제안한 미국 토마스 우드로 윌슨 대통령의 민족자결주의 영향과 우리 민족의 일본의 압제에 누적된 분노가 폭발한 세계사에 길이 남을 의거이다.

며칠 전에 뉴욕한인교회 담임목사를 역임하신 장철우 목사님께서 지은 유관순 열사에 대한 시집 『영원히 불타오르는 별이 되어』 출판기념회가 뉴욕 한인봉사센터에서 있었다. 유관순 열사를 기리는 45편의 시가 한글과 영문으로 수록되었다. 영문번역은 김리자 권사님께서 했다. 유관순 열사와 우리 민족의 얼을 널리 알릴 수 있는 시집이다.

저자 장철우 목사님은 미국의 28대 대통령 토마스 우드로 윌슨이 대통령 되기 전 주지사로 복무했던 뉴저지에 살고 있다. 뉴욕은 일본 제국주의에 맞서 독립운동가들의 활동 무대이기도 했다.

삼일절이 있는 달 초순에 뉴욕의 하늘에 유관순 열사를 기리는 노래가 울려 퍼졌다.

유관순 열사의 신앙과 애국심이 담긴 시들을 통해 민족의 정체성을 되찾아 통일을 이루자는 작가의 진심이 담긴 시집 『영원히 불타오르는 별이 되어』 출판기념회는 뜻깊은 모임이었다.

"나라에 바칠 목숨이 아직 하나밖에 없는 것이 이 소녀의 유일한 슬픔입니다."라는 유관순 열사의 절규를 되새긴다.

경칩에

경칩(驚蟄)은 우수와 춘분 사이에 들어 있는 세 번째 절기이다. 경칩에는 숨어서 겨울잠을 자던 개구리, 뱀, 곤충 등이 봄기운에 잠에서 깨어나 꿈틀대며 밖으로 나온다. 선조들은 새싹이 돋아나는 경칩에 한 해 농사를 본격적으로 시작하는 흙일을 했다.

조선 시대 왕실에서 경칩 이후 갓 깨어난 곤충들과 새싹이 죽지 않도록 들판에 불을 놓지 말라는 공고를 냈다. 보리싹이 추운 겨울을 견뎌내고 잘 자라고 있으면 그해는 풍년, 잘 자라지 못하면 흉년이 든다고 점치기도 했다. 경칩 무렵에는 위장병이나, 피부병, 관절염, 신경통 등에 효과 있다고 고로쇠나무를 베어 그 수액을 마셨다. 요통에 효험이 있다고 겨울잠에서 깨어난 개구리가 낳은 알이나 도롱뇽알을 먹었다. 경칩 날에 흙을 만지면 탈이 없다고 믿고 흙벽을 바르기도 했다. 조선 세조 때 지은 『사시찬요』에 따르면 사람들이 경칩 날에 남편과 아내가 각각 은행을 나누어 먹으며 사랑을 확인했다고 한다. 처녀, 총각이 경칩 날 밤에 좋아하는 상대와 은행을 나누어 먹으면서 암수은행나무를 돌면 사랑이 결실을 이룬다고 했다.

　이번 겨울은 예년보다 추웠다. 입춘이 지나고 대동강의 얼음이 녹는다는 우수에도 내가 산책하는 바닷가에는 두꺼운 얼음이 풀리지 않았다. 우수가 며칠 지나서야 녹았다. 경칩을 맞아 아침에 산책을 하던 중 수선화 새싹들을 발견하고 걸음을 멈추었다. 수선화 새싹들을 스마트폰으로 사진 몇 장 찍었다. 연약해 보이는 새싹들이 단단한 흙을 뚫고 나오다니 생명의 힘이 놀랍다. 다음 날 다시 영하의 날씨가 되었다. 세상에 갓 나온 새싹들이 얼어 죽을까 걱정이 앞선다. 찬 바람이 다시 불고 눈이 올 수도 있다. 하지만 어린 새싹들도 환경에 적응하여 살기 위해 모든 노력을 다하리라고 본다.

　요즈음 조국 대한민국이 소란스럽다. 불의와 탈법이 아닌 정의와 준법, 부정과 위선이 아닌 공정과 상식, 위선과 군림이 아닌 양심과 섬김의 리더십이 요망된다. 수많은 시민들이 거리로 나와 집회를 하고 있다. 개인의 희생을 무릅쓰고 나라를 위해 일어난 대다수 국민들의 뜻대로 이루어져 안정되기를 본격적으로 봄이 시작하는 절기인 경칩에 바라 마지아니한다.

　다음은 「경칩」이라는 제목의 나의 졸시이다.

경칩인 오늘/피어오르는 아지랑이/봄을 맞아/역동적으로 일하는 대지의 땀//아지랑이 사이로/언 땅이 녹고/물이 흐르는 소리를 듣는다/동면에서 깨어나/기지개 펴는 개구리를 보노라//나무들이/기쁨의 울음과 웃음을 담은/꽃망울을 달고 있다//시샘하는 차가운 바람과/눈이 온다 할지라도/봄은 왔다/청량한 공기가/가슴 깊이 들어온다

텃밭과 꽃밭

　코로나19 사태 초기에 가급적 외출을 자제하라는 권고가 있어 텃밭을 가꾸기 시작했다. 뒤뜰에 있으나 방치되어 잡초만 자라던 텃밭에 모종을 사다 심고 농작물 씨도 심었다. 무궁화, 개나리, 장미, 수국만 있던 꽃밭에도 꽃모종을 사다 심고 꽃씨를 심었다. 농작물과 꽃들이 잘 자라도록 물을 매일 주었다. 물을 뿌리는데 햇빛에 무지개가 일부 생겨나기도 했다. 맑은 날에 물을 입에 담아 뿌려 무지개를 만들어 보던 어린 시절이 떠올랐다. 식물이 자라는 데 필요한 3요소가 토양, 햇빛, 물이라는 것을 새삼 알게 됐다. 벌들이 분주하게 꽃 속을 드나든다. 벌들의 수고로 수분이 되어 열매를 맺으니 감사한다. 공해로 지구촌에 벌들이 많이 감소하여 수분이 안 되어 농작물이 감소하고 있다는데 국제적인 대책이 요망된다.
　잡초를 뽑고, 식물을 이곳에서 저곳으로 옮겨 심는데 땀이 눈으로 들어가기도 했다. 넝쿨을 치우느라 팔과 목에 독이 묻어 여러 날 동안 가려워 고통받은 적도 있다. 모기들에 수없이 물렸다. 필

사적으로 팔에 앉아 피를 빠는 모기를 잽싸게 잡으니 내 붉은 피가 보였다. 모기도 먹고살겠다는데 내가 너무한 것이 아닌가 하는 생각이 들기도 했다. 올봄에 텃밭에 모종으로 심은 상추, 오이, 호박, 고추, 방울토마토, 가지, 검은 콩, 여주, 씨로 심은 알타리무, 작년 가을에 씨가 떨어져 자란 깻잎과 부추가 모두 잘 자랐다. 상추는 오랫동안 잘 먹었고 지금은 끝물이다. 텃밭 농사 3년 차라 그런지 금년에는 농작물 수확이 많다. 특별히 오이가 많이 자라 오늘까지 오이 129개를 따서 이웃과 나누었다. 오이는 따자마자 아내가 오이소박이를 담가 잘 먹고 있다. 호박과 방울토마토도 많이 열렸다. 아침에 농작물을 따면 대견스러워 사진부터 찍는다. 싱싱한 무공해 농작물 수확에 감사한다.

봄에 씨를 심었고 뿌린 대로 거두리라는 말씀대로 꽃밭에서 활짝 웃는 꽃들이 백일홍, 코스모스, 해바라기 등등이다. 백일홍의 꽃말은 순결이다. 코스모스의 꽃말은 소녀의 순정이다. 그리스 신화에 신이 세상을 아름답게 만들려고 첫 번째 만든 꽃이 코스모스라고 한다. 해바라기의 꽃말은 사랑과 행운이다. 꽃들이 있으니 벌과 나비가 찾아온다. 꽃을 좋아하시던 어머니가 잠시라도 하늘에서 오셔서 이 꽃들을 보시면 좋겠다고 생각하는데 호랑나비 한 마리가 꽃밭을 한 바퀴 돌고 날아갔다.

작은 텃밭과 꽃밭을 돌보는 동안 새들의 청량한 노랫소리도 듣는다. 카디널스가 두 번 나무에 둥지를 짓고 알을 부화하여 날아갔다. 자연에 감사하며 내 마음이 꽃처럼 아름다워지기를 바란다.

10년 만에 고국 방문

　미국 뉴욕에 살고 있는 내가 10년 만에 한국을 2012년 8월 31일부터 9월 16일까지 다녀왔다. 한국은 더욱 발전한 것이 눈에 보였다. 서울과 강원도 원주, 경기도 광주, 충청도 천안, 경상북도 경주를 가보았다. 어느 곳이나 깨끗하고 도시는 잘 정비되었으며 자연도 잘 보전되어 있었다. 원주 남한강주변도 자전거 도로가 트랙으로 만들어져 있을 정도로 깨끗이 정비되어 있었다. 집집마다 자동차 한두 대가 있었으며 농사도 기계를 이용하여 짓고 있었다. 역사 시간에 배운 고려 대각국사 의천이 머물던 절터도 가보았다. 고려도 대각국사도 흘려보낸 바람을 가슴으로 맞았다.
　하루는 친구들 따라 천안 광덕산 산행을 했다. 정다운 친구들과 산행을 하니 행복의 동산에 함께 가는 즐거움이었다. 등산로를 따라 나무 계단과 잡고 갈 수 있는 밧줄이 비치되어 있었다. 광덕산 정상에서 내려다보이는 천안과 아산의 아파트 빌딩들은 상전벽해를 이룬 듯했다.

서울은 고층 건물들이 우뚝우뚝 솟아 있었으며 길도 넓어졌고 거리가 깨끗했다. 말로만 듣던 새롭게 건설된 청계천에 가보았다. 복개공사로 시멘트 콘크리트 위에 세워진 고가도로도 모두 없어지고 시민들의 휴식처로 현대적으로 탈바꿈되어 있었다. 물고기들이 노닐고 관광 온 외국인들도 눈에 띄었다. 주변에는 전과 달리 고층 건물이 많았다.

9월 11일부터 9월 16일까지 경주 보문단지 현대호텔에서 있었던 국제PEN 세계대회(PEN International Congress)에 참석했다. 고속철을 타니 서울에서 경주까지 2시간 4분밖에 걸리지 않았다. 서울역도 경주역도 현대식으로 지어져 있었다. 뉴욕에서 온 미국인 문인들과 세계 각국에서 온 문인들도 대회 준비가 잘되었고 경주 보문단지가 아름답다고 이구동성으로 말했다. 문화행사에서 우리 민족의 얼과 멋을 신바람 나게 보여 주어 뜨거운 박수를 보냈다. 박정희 대통령 시절에 조성되었다는 보문단지는 세계적 수준의 휴양단지가 되었다.

틈을 내어 경주 남산을 올라갔다. 남산에는 목 잘린 불상 등 국보급 문화재가 여럿 보였다. 남산 정상에서 내려다보이는 경관도 장관이었다. 벼가 익어가는 논은 풍요로운 황금 들판으로 아름다웠다. 오른쪽 멀리 내려다보이는 아파트 빌딩들도 발전의 상징으로 보였다. 올라갈 때와 달리 내려올 때는 반대 방향의 길로 내려오는데 풍경들이 아름다운 그림 같았다. 길에서 만난 문화재 관리국 직원은 오늘 서울에서 고속철로 왔는데 일을 마치고 오후에 서울로 돌아간다고 했다. 전국이 1일 생활권이 되었다. 남산에서 내려오니 큰 장독들이 많은 한옥들이 가을빛을 즐기고 있었다. 기와지붕의 한옥들은 신라의 멋을 보였다. 고등학교 시절 수학여행으로 가본 이후 처음으로 불국사와 토함산 석굴암에 갔다. 신라의 찬란한 문화의 숨결을 느꼈다. 경북 군위에서 가까운 유명한 절도 둘러보았고 야외무대에서 신라시대 사극 뮤지컬도 관람했다.

지방자치로 지방마다 문화공간도 많이 만들어져 있었으며 역사유적지도 상당히 잘 정비되어 있었다. 와서 살지 못하더라도 앞으로는 조상의 혼령이 서려있고 따뜻한 친지들이 있는 조국을 가급적 자주 방문하리라 다짐했다.

이번 한국 방문 직전인 2012년 8월에 단기선교로 몽골에 갔었는데 그곳에서 젊은이들이 한국어 배우는 열기가 대단하다고 들었다. 개발도상국가들이 한국을 따라야 할 국가로 삼고 배우고 있다. 물불을 가리지 않고 조국을 위해 일하신 모든 분들이 존경스럽다. 아무쪼록 사람들 사이에 신뢰가 존중되며 의롭고 훈훈한 정이 오가는 사회가 되기를 바란다. 압축성장을 하느라 아직 해결되지 않은 심한 빈부격차, 계층 간의 갈등, 일자리 등등 여러 문제들이 슬기롭게 해결되기 바란다. 이번 한국 방문 후 한 달 만에 2012년 11월 16일부터 11월 19일까지 다시 한국에 갔다. 정다운 친구들과 도봉산으로 올라가 우이동으로 내려오는 산행을 했다. 오랜만에 만난 친구들도 오랜만에 만난 북한산도 반가웠다. 산 위에서 내려다보이는 아파트촌이 상계동이라는데 한 도시를 이룰 정도였다.

선산이 있는 경기도 광주에 가서 성묘를 하고 오랜만에 종친회에도 참석했다. 조국 대한민국이 날로 살기 좋고 문화가 발전하는 나라가 되기를 바란다. 통일조국의 북녘 산야도 친구들과 함께 가보는 꿈이 머지않아 이루어지기를 소망한다.

기묘한 인연

 뉴욕주 롱아일랜드 뉴하이드 파크에 있는 스프링 록 골프연습장에 왔다. 더글라스톤 연습장이 집에서 가까우나 조금 더 넓고 시설이 나은 곳이라 멀지만 간혹 이곳에 왔다. 연습공을 구입하여 입구에 가까운 박스에 자리를 잡았다. 왼쪽 바로 옆 박스는 사람이 없고 왼쪽으로 두 번째 박스에서는 한 여성이 볼을 치고 있다. 이곳에서 처음 보는 여성이다. 내가 공을 10개쯤 치고 클럽을 바꾸려는데 그녀가 웃는 낯으로 나에게 다가왔다. "저 혹시 이규성 씨 모르세요?" 가까이서 동공이 커지는 그녀의 눈을 보자 떠올랐다. "은영이지?" "네, 은영이에요." 너무나 반가웠다. 꿈만 같았다. 난 은영이가 미국에 와 사는 줄을 전혀 몰랐다. 십수 년 전에 잠실야구장에서 있었던 세계야구선수권대회 한국 대 일본전을 회사 직원들과 관람하러 갔을 때였다. 음료수를 사러 구장 맞은편에 있는 잠실 우성아파트 지하상가에 갔었다. 뒤에서 "오빠!" 소리가 나 뒤돌아보니 은영이었다. 이 아파트에 살며 식료품을 사러 왔다고 했다. 그 후 강산이 변할 시기가 지났다.

  볼을 다 치고 나서 연습장에 있는 식당에서 차를 마시며 이야기를 나누었다. 이 동네에 살며 두 딸이 대학생이며 셋째 딸은 고등학생이란다. 한국에서 남편과 이혼하여 아이들을 데리고 오래전에 미국으로 이민 왔다고 했다. 이혼한 사람에 대한 편견과 아이들 교육을 위해 미국 이민을 온 것이라고 했다. 나는 이번 주일에 우리 집에 오라고 주소를 주었다. 집에 와서 아내한테도 어머니께도 규성이 동생 은영이 만난 사실과 주일에 집에 오라고 했다고 말했다.

  일요일 저녁에 은영이가 고등학생인 막내딸을 데리고 우리 집에 왔다. 어머니와 아내한테 소개했다. 은영이는 아내한테 언니라고 부르며 살갑게 이야기를 했고 나한테는 이전처럼 오빠라고 친숙하게 몇 번이고 부르며 말했다. 식사 후에 과일을 들고 차를 마셨다. 사람을 만나서 대화한 내용은 조금 지나면 잊게 된다. 중요한 것은 얼마나 소통이 잘되었나 하는 것이다. 은영이가 아내한테 "언니, 수고하셨어요. 덕분에 잘 놀다 갑니다." 했다. 어머니께도 다정하게 인사를 드리니 어머니가 흐뭇해하셨다. 갈 때 집 앞에 주차한 차에까지 배웅을 하는데 은영이가 "언니가 참 좋네요, 오빠 결혼 잘 했어요." 했다. 은영이가 밝은 표정으로 차를 타고 갈 때 내게 손을 흔들었다. 집으로 돌아오는데 아내가 문에서 보고 있다가 들어갔다. 설거지를 마치고 방에 들어온 아내에게 당신이 수고했다며 고마워했다. 아내는 "도대체 무슨 관계야, 그렇게 가까울 수가 없어." 하며 화를 냈다. 나는 "무슨 소리야, 규성이 동생은 어릴 적부터 알고 지내는 동생이라고 했잖아." 했다. "아니 왜 결혼을 하지 않았어?" 하며 질투 섞인 대꾸를 퍼부었다. 나는 모두 즐겁게 지냈다고 생각했는데 예상외의 사태에 난감했다. 내가 "그렇다면 왜 집으로 초대했겠어. 밖에서 만나지." 했다. 아내 입장에서 생각하면 질투가 날 수도 있다고 생각했다. 관심이 없다면 질투가 생기지 않는다. 질투는 사랑이 있기에 생기는 것이다. 문제 될 게 없다고 본다. 아내를 이해하기로 했다.

가을에 규성이 어머님이 오셨다고 하여 은영이 집에 가서 만나 뵈었다. 반갑게 인사를 나누었다. 어머니 안부를 물으시기에 며칠 후에 우리 집에 오셔서 만나시도록 모시고 오라고 은영이에게 말했다. 규성이 어머님은 초등학교 동창들이 좋았다고 하셨다. 은영이가 우리 집에 모시고 오셔서 규성이 어머니와 나의 어머니가 초등학교 학부형으로 만난 이래 수십 년 만에 만나서 말씀을 나누셨다. 인자하신 규성이 어머님을 우리 집에서 식사를 대접하고 아내와 딸들을 보여드리니 감회가 깊었다. 다음 해 봄에 규성이 아버님이 뉴저지로 이사한 은영이 집에 와 계신다는 소식을 들었다. 내가 뉴저지에 가서 규성이 아버님만을 모시고 필라델피아 롱우드가든을 구경시켜 드렸다. 사업관계로 샌프란시스코로 이사한 은영이가 그곳에서 재혼했다는 소식을 들었다. 참으로 잘된 일이다.

그해 가을에 은영이 둘째 딸 결혼식이 열리는 뉴욕시 근교에 있는 연회장 'The View on the Hudson'에 아내와 함께 참석했다. 허드슨강이 내려다보이는 아름다운 곳이다. 한국에서 온 규성이를 오랜만에 반갑게 만났다. 신부의 가족인 은영이와 은영이의 재혼한 남편, 은영이의 두 딸, 규성이, 규성이 어머님이 앉는 테이블에 앉았다. 은영이가 남편을 소개하여 웃으며 인사를 나누었다. 나는 가족 테이블에 있는 모든 사람과 스스럼없이 대화를 나누었다. 방금 전에 결혼한 신랑 신부뿐만 아니라 이 테이블에 있는 모든 사람을 마음속으로 축복했다.

이틀 후 나는 뉴저지 호텔에 가서 죽마고우인 규성이를 다시 만나 내 차에 태우고 우리 집으로 왔다. 아내가 정성껏 차린 음식으로 식사를 하며 환담을 나누었다. 아내는 나와 달리 음식에 대한 조예가 깊은 규성이와 식재료에 대한 이야기를 즐겁게 나누었다. 뉴저지 호텔에 데려다주고 집으로 돌아오는 동안 뉴욕에 다녀간 지인들이 떠올랐다. 지인들이 올 때마다 기쁜 마음으로 달려가 만나고, 가고 싶은 곳을 데리고 갔다.

인연이란 기묘하다는 생각이 든다. 가까운 사람이라도 인연이 닿으면 다시 만나게 되고 인연이 닿지 않으면 만나지 못한다. 만나지 못했던 사람들을 만나면 순수한 마음으로 대하고 작은 것이라도 베풀며 살고 싶다. 밝고 따뜻한 마음으로 한 사람, 한 사람을 소중히 여기며 친절하게 대하고 감사하며 살고 싶다.

여름날의 소나기처럼

　예년과 달리 금년 여름에는 뉴욕시에서 8월 초에 며칠 동안 폭염경보를 발할 정도로 더위가 맹위를 떨쳤다. 무더위가 한풀 꺾인 줄만 알았던 8월 중순에 보스턴 옆 케임브리지에서 공부하고 있는 큰딸이 야구 관람권 2장을 갖고 와 딸과 함께 한낮에 뉴욕 양키스 구장에 갔다. 더위에 거의 혼이 나가는 줄 알았다. 모처럼 아빠와 시간을 보내려는 딸의 마음을 상하게 하고 싶지 않아 참고 견디었으나 작렬하는 태양의 직사광선을 쪼이며 야구 구경을 하는 것도 결코 쉬운 일은 아니었다. 하나님께서 원하시면 이 야구장에 모인 약 6만 명의 사람들을, 아니 이 세상의 모든 사람들도 불같은 더위로 간단히 죽이실 수도 있겠구나 하는 생각이 떠올랐다. 나는 여름에 주위 사람들이 "어휴 더워. 지겨운 여름이 어서 지나갔으면 좋겠어." 할 때마다 그런 말씀 하면 어느새 가을이 왔다고 할 날이 도적같이 오게 되어 세월이 더 빨리 지나가게 되니 그런 말씀 마시라고 우스갯소리를 하곤 한다. 무더운 날씨도 곡식과 과일을 익히는

데 절대적으로 필요하며 오래지 않아 지나갈 것이다.

　최근 보름 동안에 두 분의 교우님들이 별세하시어 장례식과 하관예배에 참석했다. 사랑하는 분과의 이 세상에서 이별을 슬퍼하는 유가족들을 제대로 위로하지도 못하고 고작 슬픔을 나누고자 손을 잡아 드릴 수밖에 없었다. 돌아가신 분들은 슬픔과 고통이 없는 하늘나라에서 편히 쉬시리라 믿는다. 요즈음 불경기로 살기가 힘들다고 하는 사람들이 적지 않다. 또한 죽어라 일만 하여 경제적으로 어느 정도 안정을 찾았으나 자녀 문제로 혹은 배우자 문제로 허망하게 느낀다는 사람들도 있다. 지금까지 많은 고개를 넘어왔는데 계속해서 새로운 고개를 만난다는 분들도 있다. 이런저런 이유로 견디기 힘들어서 누가 자살했다는 기사도 신문에서 자주 읽게 된다.

　실제 상황에 적용해서 성경구절을 해석한 유대교의 미드라시(Midrash)에 다음과 같은 이야기가 있다. 어느 날 다윗왕이 보석세공인에게 반지 한 개를 만들어 그 안에 내가 승리를 하여 기쁨에 넘칠 때 감정을 조절할 수 있고 패배하여 절망할 때 스스로 힘을 북돋울 수 있는 글귀를 새겨 넣으라고 명령했다. 고민하던 보석세공인은 솔로몬 왕자에게 찾아가 도움을 청했다. 솔로몬이 그 반지에 "이 또한 지나가리라."라고 새겨 넣으면 다윗왕이 승리로 자만할 때나 패배로 낙심할 때 그 글귀를 보고 마음이 안정될 것이라고 말했다고 한다. 세상일에만 목표를 두고 하나님을 멀리할 때 일찍이 온갖 부귀영화와 최고의 권세를 누렸던 솔로몬이 "내가 해 아래서 행하는 모든 일을 본 즉 다 헛되어 바람을 잡으려는 것이로다."라고 말한 것처럼 모든 일이 헛된 것이 될 것이다.

  삶의 여정에 있는 모든 것들은 영원하지 않다. 어려움도 고통도 슬픔도 기쁨도 열정도 수고도 영욕도 모두가 여름날의 소나기처럼 지나갈 것이다. 무더운 날씨에 농장을 돌보시느라 구슬땀을 흘리며 수고하실 박 집사님이 생각난다. 오는 10월에는 하루를 택해 고센농원을 방문하여 순박하신 박 집사님을 반갑게 만나고 꿀배도 맛보면서 가을과 수확의 기쁨을 만끽하며 하나님의 은혜도 체험해 보련다.

  전도서 3장 11~13절 말씀을 묵상한다.

"하나님이 모든 것을 지으시되 때를 따라 아름답게 하셨고 또 사람에게 영원을 사모하는 마음을 주셨느니라. 그러나 하나님의 하시는 일의 시종을 사람으로 측량할 수 없게 하셨도다. 사람이 사는 동안에 기뻐하며 선을 행하는 것보다 나은 것이 없는 줄을 내가 알았고 사람마다 먹고 마시는 것과 수고함으로 낙을 누리는 것이 하나님의 선물인 줄을 또한 내가 알았노라."

학창 시절 사진

　강당에서 졸업식 후, 교실에서 담임이셨던 김송우 선생님이 졸업장을 나눠 주신 후 "너희들 지금은 나중에 다 만날 것이라고 생각하겠지만 살다 보면 못 만나는 친구가 대부분이고 만나는 친구는 몇 안 될 것이다."라고 했다. 그때는 그 말씀이 실감나게 들리지 않았다. 사회에 나와서 치열한 생존경쟁의 삶에서 앞만 보고 달리느라, 때로는 길을 잃고 헤매느라 대부분의 학우들을 오랫동안 만나지 못한 것이 현실이었다. 뜻있는 동기들이 부단히 노력하여 학우들이 만날 수 있게 길을 닦아주어 고마울 따름이다. 더욱이 요즈음은 사회관계망(SNS)의 발달로 마음만 먹으면 서로 소통하기가 쉬운 세상이 되었다. 덕분에 동기들의 카톡방도 운영되고 밴드도 운용되어 밀려드는 자료, 정보로 즐거운 비명을 지를 지경이다.
　20여 년 전에 서울에 갔을 때 교우회 산악회 주관행사인 계룡산 산행을 잠실에서 대절한 관광버스를 타고 다녀왔다. 오랜만에 만난 청소년 시절 동창들과의 여행은 기쁘고 즐거웠다. 계룡산은 처음으로 갔으며 전국 각지에서 수많은 사람들이 등산복을 입고 와서 산행을 하는 모습을 보니 나라가 발전하여 국민들의 생활수준이 높아진 것 같아 감명을 받았다. 그때 친구들과 함께 찍은 사진을 찾으려 오래된 사진들을 뒤져 보았다. 계룡산 사진들은 분실되었는지 한 장도 나오지 않았으나 학창시절의 흑백사진들이 발견되었다. 까맣게 잊고 있었던 학창시절의 사진들을 보니 가슴이 뛰었다. 사진에 있는 친구들은 모두 잘 지내고 있는지 궁금하기도 했다.

  나는 학창시절 앨범이 하나도 없다. 오래전 3월에 뉴욕에 상사 주재원으로 온 후 가족들이 6월에 왔다. 아내가 졸업앨범들은 친척한테 맡기고 왔으나 나중에 분실되었기 때문이다. 귀한 사진들이 발견됐으니 혼자 보기가 아깝고 동기들도 보게 하여 추억을 나누는 것이 좋겠다고 생각하여 동기회 카톡방에 연재했다. 옛날 흑백사진들은 매우 작아 스마트폰으로 다시 찍는 것도 쉽지 않아 한 장을 여러 번 찍어 제일 좋은 것을 게재했다. 연재한 지 이틀 후에는 혹시라도 옛날 사진 올리는 것을 불편하게 느끼는 동기가 있을까 걱정되어 동기회장과 상의하니 좋다고 하여 계속 게재했다.

  며칠 동안의 사진 연재가 동기들이 학창시절의 자료와 추억을 되돌아보는 데 도움이 되었다면 기쁘겠다. 친구들 사진을 보니 반가웠다. 사진 한 장, 한 장이 새롭고 귀하게 느껴졌다. 지금까지 성취하고자 노력하며 살아온 우리 모두 승리자이다. 성취는 완성을 이루는 것을 말한다. 엄밀한 의미에서 성취한 사람은 아무도 없다. 불완전한 인간이 어찌 완성을 이룰 수 있겠는가? 우리는 모두 마음을 열고 소통할 동등한 친구이다. 다 함께 즐겁게 지낼 친구이다.

양수리

　페이스북(Facebook)을 통해 소식을 알게 된 동창생이 양수리 마을을 산책하며 본 경치와 느낌을 자주 올렸다. 친구가 올리는 글과 사진들을 자주 볼수록 나도 양수리를 한번 가봐야겠다는 생각이 들 정도로 자기가 살고 있는 고장을 사랑하고 삶을 즐기고 있다는 것을 알았다. 양수리는 텔레비전 방송국 프로듀서로 근무했고, 대학교수로 정년퇴직하여 부인과 함께 은퇴 생활을 하는 친구에게 보다 여유로운 생활을 하고 풍요로운 삶을 제공하는 장소라고 생각했다. 친구가 페이스북에 사진과 글을 올릴 때마다 내가 좋아요 표시와 짧은 댓글을 싣곤 했다.
　친구는 천주교 성당에 열심히 다니는 크리스천이고 딸과 아들이 있다. 딸은 결혼하여 미국 워싱턴 디시에서 남편과 외동딸과 함께 산다. 친구는 외손녀인 엘리(Eli)를 끔찍이 사랑하여 자주 엘리에 대한 이야기를 올렸다. 아들은 천주교 부제를 마치고, 사제서품을 받아 신부가 되었다. 친구 부부는 하느님과 사람들을 온전히 사랑하기 위해 헌신적인 삶을 사는 아들을 자랑스럽게 여기며 집에 올 때마다 따뜻한 사랑을 아낌없이 베풀고 있다. 친구는 양수리에서 영시 모임도 갖고 괴테 문학 모임도 갖곤 한다. 참으로 멋진 일이 아닐 수 없다.

 뉴욕에 사는 내가 양수리를 가보고 싶다고 하니 다음에 한국에 올 때 양수리를 방문하면 안내하겠다고 했다. 그 후에 내가 한국에 갔을 때 동창 친구 두 명과 함께 경기도 양평군 양수리를 방문했다. 친구는 진짜로 여기까지 올 줄 몰랐다며 얼싸안고 기뻐했다. 책이 많아 서재로 쓰려고 별도의 아파트를 전세 낸 곳에 갔다. 수많은 소중한 책들이 비치된 서재를 보니 대학교수로 정년퇴직한 친구의 인문학적 소양의 깊이를 가늠케 되었다.

 청소년 학창시절 동기 동창생 넷이 아늑한 동네 산책하기 좋은 길을 함께 걸으니 기쁨이 넘쳤다. 배후에는 양수대교 뒤로 높은 산이 있고, 산책길 오른편으로 남한강 푸른 물이 반짝였다. 왼편으로는 밭에 대파들과 배추들이 향기를 내고 있었다. 농작물을 거둬들일 준비를 하는 중년 남녀도 정겨워 보였다. 더 걸어가니 북한강과 남한강이 서로 만나는 곳 앞에 '남한강 북한강 하나 된 두물머리 겨레의 기적이 숨 쉬는 우리의 한강 두물경'이라고 쓰여 있는 큰 암석이 놓여있었다. 10여 명의 관광객이 모여 들었다. 두물머리는 두 강이 만나는 곳이라 강폭이 매우 넓었다. 양수리도 두 강을 끼고 있는 마을이라는 뜻이리라.

 강가 고인 물 위에 핀 연꽃을 보며 조금 더 걸으니 400살이나 된다는 느티나무 고목 세 그루가 동네의 수호목인 듯 서있었다. 사람들이 간혹 제를 올리며 소원을 빈다고 했다. 나는 북한강과 남한강이 사이좋게 만나듯 남한과 북한이 통일되어 하나로 어울리는 날이 어서 오기 바라며 내 두 손을 모았다. 그날 이곳에서 큰 잔치가 열리는 장면이 눈에 아른거렸다. 농악대도 보이고 주민들이 덩실덩실 춤을 추는 모습도 보이는 듯했다.

느티나무에서 가까운 곳에 있는 두물머리 고인돌을 보았다. 두물머라 고인돌은 1974년 문화재 관리국에서 발굴 조사하여 팔당댐 수몰지구 유적발굴종합보고서에 수록된 고인돌로 청동기시대에 조성된 것으로 알려졌다. 덮개돌 윗면에는 앞은 구멍처럼 파인 부분들이 있는데 북두칠성과 별들을 뜻한다고 한다.

한옥과 현대식 집들이 어우러져 있는 곳을 지나, 한식당에 들러 점심식사를 했다. 친구들과 맛있는 음식을 먹고 이야기를 나누며 회포를 풀었다. 양수리는 강과 산과 마을이 조화를 이루며 아름다웠다. 은퇴하여 몇 년 전에 양수리로 이사 와 살고 있는 친구는 삶을 즐기고 있었다.

철원과 한탄강 주상절리

　한국에 도착한 다음 날 아침 나와 아내는 여의도에서 전철을 타고 성동역에서 내렸다. 출구에서 기다리고 있던 친구를 반갑게 만났다. 친구가 운전하는 차를 타고 동창들이 모여 관광하기로 예정된 철원 한탄강 주상절리길 입구에서 내렸다. 청소년 학창 시절 동기들을 오랜만에 만나니 기쁘고 반가웠다. 강원도 철원을 흐르는 한탄강은 내가 복무한 부대인 6사단 2연대가 주둔했던 문혜리 부근에 있어 여러 번 갔던 곳이라 감회가 깊었다. 한탄강을 가로지르는 다리는 남한에서 반을 짓고 나머지 반을 북한에서 지었다고 이승만의 '승', 김일성의 '일' 자를 따서 승일교라 불렀다. 나는 연대 인사과에 근무하던 행정병이었으나 한번은 비상이 걸려 한밤중에 실탄을 장전한 소총을 들고 한탄강 변을 따라 대간첩작전에 투입된 적도 있었다. 가족이 면회 왔던 때는 승일교에서 멀지 않은 곳에 임꺽정이 본거지로 삼았다는 한탄강변에 있는 고석정 큰 바위가 있는 곳에도 가곤 했다. 승일교 부근 한탄강에서 여름에는 목욕도 하고 늦은 가을에는 월동용 김장을 위해 강물에 무를 씻기도 했다.

그때로부터 수십 년이 지나 동기동창들과 한탄강가에 설치된 주상절리길을 걸으니 감회가 남달랐다. 아래를 보니 강에서 청년들이 고무보트 래프팅을 하고 있었다. 건너편 병풍처럼 이어진 절벽을 타고 흘러내리는 두 줄기의 폭포도 보았다. 한탄강은 한반도의 중서부를 흐르는 강으로 강원도 평강군에서 시작되며 철원군을 거쳐 연천군에서 임진강과 합류하며 길이는 136km에 이른다. 한탄강 주상절리 협곡은 유네스코 세계지질공원에 등재된 곳으로 풍광이 아름다우나 접근하기가 어려웠었다.

수직 절벽에 인공적으로 철판을 달아 놓은 길을 잔도라 부른다. 30~40m 높이의 깎아지른 절벽에 구멍을 뚫고 기둥을 박아 잔도를 깔았다. 한탄강주상절리는 폭 1.5m, 길이 3.6km로 한탄강의 협곡과 허공 사이를 따라 걷도록 설치된 잔도로 2021년 11월에 개통되었다. 개통 이후 연 200여만 명의 방문객이 오는 명소가 되었다. 철원군을 흐르는 한탄강 주변은 오랜 세월 지구 역사의 흔적이 담긴 유네스코 세계지질공원이다. 화강암, 퇴적암 등이 쌓이고 그 위를 신생대 4기에 분출한 용암이 덮쳤다고 한다. 한탄강을 따라 깎아내린 수직 절벽을 이룬 계곡은 지질학적 특성을 드러낸다. 주상절리길을 가며 협곡의 절벽과 강 위의 바위들을 둘러보니 경관이 아름다웠다. 가다 보니 스카이전망대에 다다랐다. 스카이전망대 유리바닥을 걸을 때 아래를 보니 까마득하여 오금이 저릴 지경이었다.

철원은 강원특별자치도의 북서쪽에 위치해 있다. 겨울에는 한국에서 가장 추운 온도를 기록했다고 자주 보도되었다. 한반도의 중앙부에 위치해 옛날 궁예가 세운 태봉이 수도로 삼았던 교통의 요지였다. 철원군 모든 지역이 38선 이북에 위치하여 북한에 속해 있었다. 한국 전쟁 중에는 철의 삼각지대의 격전지였다. 전쟁 후에는 군사분계선이 설정되어 철원군 지역이 남북으로 분단되었다. 김일성이 철의 삼각지대의 곡창지역을 국군에 빼앗긴 후 상심하여 며칠 동안 밥도 먹지 않았다고 한다.

내가 군 복무시절 부대가 문혜리에서 화지리 북쪽으로 이동하여 철책선 지역을 맡았다. 한 곳에는 '철마는 달리고 싶다'는 표지가 앞에 붙어 있는 금강산 가는 기차가 녹슨 채로 있었다. 민간인 통제선 검문소 가까운 곳에는 철원군 노동당 청사 건물이 총탄을 맞은 흔적을 보이고 있었다. 주상절리 잔도 걷기를 마친 후 20명의 동창들이 한식점에서 불고기로 점심식사를 한 후에 카페에서 차를 나누며 환담을 나누었다. 아내와 친구들과 함께 한탄강 주상절리 잔도를 걸으며 빼어난 경치를 보아 즐거웠다. 남북통일이 되어 철원이 다시 교통의 요지가 되기를 꿈꾸었다.

케이크

  초등학교 시절 내가 다니던 학교에서 멀지 않은 신작로 옆에 '맛나당'이라는 제과점이 있었다. 학교에서 집으로 오는 길에 나는 간혹 이 제과점 앞에 서서 유리창 안에 진열되어 있는 케이크들을 물끄러미 바라보곤 했다. 먹고 싶은 마음은 굴뚝같았으나 돈이 없어 살 수는 없고 보기라도 실컷 하자는 속셈이었다. 맛나 보이는 케이크를 뚫어지게 바라보며 이담에 커서 돈을 벌게 되면 케이크를 자주 사 먹어야지 다짐하곤 했다. 그 당시 케이크를 사먹지 못했으나 나는 마냥 행복했다. 순수하고 소박한 꿈이 있었고 생기가 넘치던 시절이었다. 그 시절에는 집에서 어머니가 해 주시는 찐 감자, 찐 고구마, 찐 옥수수 등이 주된 간식이었다. 지금은 이것들이 건강을 위해서 케이크보다 훨씬 좋은 것들로 알고 있으나 그때는 그것을 몰랐고 케이크가 더 먹고 싶었으나 돈이 없어 사 먹지 못했을 뿐이다. 가족들의 생일에도 케이크 없이 지내는 것이 예사였다.
  어려서는 그렇게도 먹고 싶은 케이크였으나 장성해서 정작 사

먹을 능력이 있게 된 후에는 가족들의 생일에는 케이크를 사곤 했지만 나를 위해 사 본 적이 없다. 나 자신을 위한 물건을 사는 것에 익숙하지 않았기 때문이기도 하고 꼭 사 먹고 싶다는 절실한 마음도 들지 않았기 때문이다. 한풀이하는 식으로 무작정 사는 것에도 마음이 내키지 않았다. 아이들이 자란 후부터는 내 생일에는 케이크가 필요 없다고 해도 없으면 무슨 난리가 나는 줄 아는지 꼭 케이크가 있어야 한다고 주장하여 생일에는 으레 케이크가 있었다. 생일에 맛있는 음식 잘 먹으면 되지 꼭 케이크가 있어야 되느냐는 내 얘기는 전혀 먹혀 들지 않은 채 가정의 화목을 위한다는 명목으로 내가 번번이 양보할 수밖에 없었다. 그럴 때마다 어려서는 그토록 먹고 싶었던 케이크가 요즈음은 먹지 않으려 해도 내 마음대로 할 수 없을 정도로 축복을 받았구나 생각하고 웃어넘기곤 했다.

그러던 중 실로 오랜만에 나는 오늘 케이크 없는 생일을 갖게 되었다. 막내도 이번에 대학에 진학하여 기숙사에 가 있게 된 때문이다. 어제 아이들이 제 엄마에게 전화하여 아빠에게 생일케이크를 사 드리라고 했다며 아내가 케이크를 사 오려 했으나 내가 간곡하게 사양했다. 아이들은 생일에 꼭 케이크가 있어야 하고 생일 축하 노래(Happy Birthday To You)를 불러야만 되는 줄로 알고 있으나 나는 그것이 있어도 되고 없어도 되는 것으로 여기고 있다. 생일에는 우리 고유의 미역국과 나물이 제격이다. 오늘 아침 생일상을 받고 보니 어머니가 만드신 미역국과 나물들, 아내가 요리한 잡채, 생선전 등의 정갈한 음식이 정겹다. 어머니와 아내의 사랑과 정성이 깃든 음식을 맛있게 먹었다.

 두 딸이 번갈아 생일 축하 전화를 해 와 잠시나마 느긋하게 통화했다. 케이크가 없어도 가족들의 사랑이 있기에 행복하다. 그 옛날 어릴 적에 케이크를 사 먹지 못했지만 지금까지 살아오는 동안 하나님께서 베풀어주신 사랑과 축복이 너무나 크다는 생각이 들면서 눈물이 나려 했다. 눈물을 머금고 감사의 웃음을 짓는다.

발전된 조국의 모습들

 올해 11월, 팬데믹 사태 이후 4년 만에 한국을 방문했다. 뉴욕 존 에프 케네디 공항을 떠난 비행기가 15시간 25분 만에 인천공항에 도착했다. 공항 안에서 공항버스표를 사고 밖에 나가 버스에 올랐다. 지갑이 분실된 것을 알고 두 개의 가방을 끌고 공항 안 버스표 판매기에 가보았으나 찾지 못했다. 그 지갑 안에 미국운전면허증과 크레딧카드, 데빗카드, 달러화와 한국 원화가 모두 들어 있었다. 분실물 센터에 가서 신고하고 연락처를 알려주고 공항을 떠났다. 오후까지 연락이 없어 잊어버렸다고 생각하고 일정대로 움직였다. 다음 날 아침, 동기 동창들과 윤동주 문학관을 방문하고 북악산 산행을 했다. 한국에서 중고교를 다닐 때 바라보기만 하던 북악산을 친구들과 함께 가니 감회가 깊었다. 계단을 잘 만들어 놓아 크게 힘들이지 않고 산행을 즐길 수 있었다. 청와대 뒷산이라 예전에는 일반인이 들어갈 수 없던 곳을 오르며 사방을 둘러보니 서울의 발전된 모습이 빛을 내고 있었다. 1·21 사태 때 무장공비와 국군의 교전으로 총탄 10여 발을 맞은 소나무도 보았다. 아직도 온전한 평화를 누리지 못하고 있는 조국의 현실이 안타깝다. 산행에 참여하지 못했으나 식당으로 온 친구들과도 오랜만에 만나 회포를 풀 수 있었다. 옛 모교 자리에서 단체로 기념촬영도 했다.

　출판사에 가서 나의 시집들을 찾아 우체국에 가서 뉴욕으로 보냈다. 우체국 부근에 탑골공원이 있기에 학창 시절 후 처음으로 들러 손병희 선생 동상과 삼일운동 관련 유적들을 답사했다. 교보문고를 향해 걷는데 민주노총 데모대가 시위를 하고 있었다. 경찰의 안내방송도 예전보다 훨씬 친절하고 부드러웠다. 종로거리에 셀 수 없이 많은 고층 빌딩들이 반짝이고 있었다. 시내 어디를 가더라도 전철과 버스 연결이 잘되어 있어 편리하다고 느꼈다. 올림픽 공원에서 친구들과 산책도 하고 담소도 나누었다. 명동에 가니 일본인 관광객들이 많이 보였다. 용인에 가서 나의 졸시를 3편이나 액자에 걸어 놓은 친지의 집을 방문하여 실제로 보니 기뻤다. 가평군 양수리에 가서 SNS로 교류하던 친구를 졸업 후 처음으로 만나 함께 걸으며 아름다운 경치를 즐겼다. 대학교수로 정년퇴직한 그의 서재는 귀한 책들이 가득했다. 청평댐을 지나 산골짜기에 있는 고풍스러운 카페에 들러 베토벤 음악을 감상하며 차를 마셨다. 서울로 고속도로를 타고 돌아오는 길에 있는 터널도 잘 지어졌고 주위에 고층 아파트들이 서울이나 지방이나 별로 차이 없이 하늘로 치솟고 있었다.

　3박 4일 동안은 전남 광주광역시에서 국제PEN한국본부가 주최한 제9회 세계 한글작가대회에 초대되어 토론에도 참여하고 행사에 빠짐없이 참석했다. 김대중 컨벤션센터에서 2일, 전남대학 강당에서 1일 동안 문학에 대한 강의도 듣고 더 나은 문학작품에 대한 도전의식을 갖게 되었다. 전통음악과 춤 공연도 있어 한국 문화의 향기를 느낄 수 있는 알찬 행사였다. 마지막 날은 광주문학관과 박용철 생가를 둘러보았다. 광주시에도 고층 아파트와 고층 건물들이 즐비했다. KTX 고속열차를 타고 현대식으로 지은 용산역으로 왔다.

경기도 광주시에 있는 선영에 성묘를 했고 시제와 종친회에도 참석했다. 떠나기 전날 강서경찰서에서 보낸 이메일을 보고 잃어버린 지갑을 보관하고 있다는 사실을 알게 됐다. 떠나는 날이 일요일이기에 김포공항 근처에 있는 카페에서 친절한 유실물 담당자를 만나 잃어버린 돈을 되찾았다. 인천공항으로 가서 뉴욕행 국적기를 탔다. 나의 조국 한국의 눈부시게 발전된 모습을 10일 동안 직접 목격한 뜻깊고 즐거운 여행이었다.

한국과 일본과의 발전적 관계

　보도에 의하면 2023년 1월 한국을 찾은 외국인 관광객 중 1위가 66,900명의 일본인이었다. 일본에서 관광을 위해 어머니와 함께 온 일본인 딸은 명동에서 산 한국산 화장품과 동대문시장에서 구입한 옷들이 품질이 좋다고 웃는다. 한국을 방문한 일본 젊은이들은 한국 음식과 드라마와 K-Pop 노래를 좋아한다고 한다.
　내가 몇 년 전에 한국에 갔을 때 서울 삼청동에 있는 집에 투숙했다. 그때 경복궁 근처 길에서, 명동 거리에서도 일본인 관광객들을 많이 보았다. 한국경제연구원에 의하면 일본인 관광객이 10년 전 수준으로 회복되면 국내 관광산업 활성화로 창출되는 생산유발 효과는 약 5조 2,000억 원에 이른다고 한다. 일본인 관광객이 2012년 342만 3천 명이었으나 2022년에는 코로나 등 영향으로 25만 9천 명이었다. 많은 일본인 관광객이 다시 한국을 찾으면 한국경제에 상당한 파급효과를 가져온다. 한일 외교관계를 개선하여 양국의 인적교류가 활발히 되도록 해야겠다.

일본에서는 2022년 10월 11일부터 코로나19로 인한 입국자 수의 상한이 폐지되고 단기체류자의 비자 면제 등 입국 제한 조치가 한국보다 일찍 완화되었다. 더불어 엔화 약세의 영향으로 일본의 관광지가 활기를 되찾았다. 2023년 1월 일본을 찾은 외국인이 149만 7천 명이었고 한국인이 56만 5천 명으로 가장 많았다. 외국인 방문객 3명 중 1명 정도가 한국인이었다.

　임진왜란 때 이순신 장군, 권율 장군 등 애국투사들이 나라를 구했다. 20세기에 이르러서는 안중근 의사, 윤봉길 의사, 유관순 열사 등 소중한 목숨을 바친 독립투사들의 희생이 있었다. 상해 임시정부에서 김구 선생 등 독립투사들의 활약과 미국에서 이승만 박사 등 독립운동가들의 외교적 노력도 있었다. 일제로부터 나라를 되찾아 민주공화국을 수립할 수 있도록 헌신하신 애국투사들의 은혜를 잊을 수 없다. 반면에, 세계정세에는 관심 없이 쇄국정책과 당파 싸움 및 탐관오리들의 부패로 나라가 외국의 침략에 무기력하게 당하지는 않았는지 돌아볼 필요도 있다.

　1965년 6월 22일 한일협정이 타결된 후 강산이 여러 번 변했다. 대일 청구권 자금으로 포항제철과 경부고속도로도 건설됐다. 그동안 섬유부터 철강, 반도체까지 한일 간에 경제 협력이 있었다. 지난 몇 년 동안은 한일 간의 갈등으로 관계가 냉랭했다. 얼룩진 과거만 보면 오늘날과 같이 급변하는 세상에서 양국에 도움이 되지 않는다.

　몇 해 전까지 한국 축구가 일본보다 앞섰다고 했으나 지금은 엇 비슷하다. 전자제품은 한국이 세계시장에서 일본을 추월한 지 오래다. 한일이 더 나은 미래를 향해 서로 협력하고 선의의 경쟁을 통해 발전하며 세계평화에 이바지하기 바란다.

진주는 빛나는 보석

　서울 강남 시외버스 터미널에서 아내와 함께 버스를 탔다. 출발한 지 3시간 30분 만에 진주에 도착했다. 마중 나오기로 한 친지가 다른 고속버스 터미널에 갔다가 뒤늦게 이곳으로 차를 몰고 왔다. 반가웠다. 진주가 생각보다 훨씬 크다는 느낌이 든다. 진주중앙시장에서 점심식사를 하며 지역 음식을 맛보았다.
　임진왜란의 3대 대첩지 중 하나인 진주성에 갔다. 성문으로 들어가니 오른편에 김시민 장군 동상이 있다. 마음속으로 장군은 물론, 함께 왜군을 물리치신 당시의 호국 선열께 묵념을 드렸다.
　왼편으로 걸어가니 촉석루가 나온다. 촉석루는 1365년 건립되었으며 군사의 명을 하달하고 지휘하던 누각이다. 한국전쟁 때 불타 없어졌다가 1960년 진주고적보존회에서 재건하였다. 신발을 벗고 누각에 들어가니 목조건물로 크기가 상당하다. 남강이 앞에 흐르고 있다. 강바람이 불어와 시원하다. 관광객들이 마루에 서있기도 하고 앉아 있기도 하고 누워있기도 한다.

누각에서 나와 남강 쪽으로 내려가니 사각형 모양의 의암바위가 있다. 임진왜란 때 적이 침략하여 촉석루에서 승전을 축하 연회가 있었다. 기생으로 연회에 참석한 주논개 열사가 술에 취한 게야무라 로쿠스케 적장을 꾀어 물가로 내려왔다. 이 바위에서 그를 껴안고 남강에 몸을 던져 함께 죽었다. 아군의 항전의지를 불태웠고 적군의 사기를 저하시킨 거사였다.

임진왜란 전에 이율곡은 10만 양병설을 주장하며 일본군이 침략해 올 것이니 국방을 튼튼히 하여 대비하자고 했다. 간신배들의 모략과 임금인 선조의 오판으로 전혀 대비하지 않은 상태에서 임진왜란을 맞아 국토가 유린되고 백성이 고난을 당한 것은 통탄할 일이다. 이순신 장군을 위시한 호국 선열들이 나라를 구했다. 그 후에도 병자호란과 한일합방의 치욕을 당했으니 우리 민족의 수치가 아닐 수 없다.

이런 생각을 하며 걸음을 옮겨 성내를 둘러본다. 야외공연장에서 농악대가 공연을 시작하려 한다. 우리도 관중석에 자리를 잡아 앉았다. '솟대쟁이패 농악'이라는 기치가 농악대 가운데 세운 장대에 걸려있다. 솟대쟁이패 농악은 1900년 전후로 진주를 본거지로 하여 솟대놀이와 옛날부터 전해 내려온 농악, 대접 돌리기, 줄타기 등을 하며 전국을 다니며 활동한 전문연예집단을 말한다. 솟대쟁이패라는 명칭은 한가운데에 긴 장대를 세운 뒤 꼭대기로부터 네 가닥의 줄을 늘여 놓고 그 위에서 몇 가지 재주를 부린 데서 비롯되었다.

공연은 당산굿, 농악판굿, 소고개인놀이, 설장구놀이, 죽방울놀이, 버나놀이, 열두발놀이, 파짓굿놀이의 순서로 진행됐다. 농악의 가락과 장단을 들으며 놀이를 보니 흥겨웠다. 농악을 자주 대하지 않았지만 내 핏속에 신나는 음악으로 느끼게 하는 인자가 전해 내려온 것 같다. 마지막에 관중들도 나와서 농악대원들과 함께 춤을 추자고 권유하기에 나도 나가 춤을 추며 웃고 즐겼다.

진주성을 떠나 남강댐 진양호 노을공원으로 이동했다. 고요한 호수와 주위의 숲이 아름답다. 10월에는 남강에서 유등축제가 열린다. '하모'는 동의, 긍정을 뜻하는 진주 사투리이다. 하모는 진주의 남강과 진양호에 서식하는 천연기념물인 수달에 영감을 얻어 희망의 메시지를 전달하기 위해 만든 형상물이다. 머리 뒤 조개와 목에 두른 진주 목걸이는 진주시를 표현하며, 파도무늬 꼬리는 물을 나타내어 진주의 깨끗한 이미지를 상징한다.

진주는 한복판을 흐르는 남강과 월아산을 위시한 명산들의 아름다운 풍광으로 옛날부터 풍류의 고장으로 유명하다. 여러 분야에 인물도 많이 배출했다. 진주 출신으로 재계에서는 삼성그룹의 창업자인 1대 이병철 회장과, LG그룹의 창업자인 1대 구인회 회장, 2대 구자경 회장, 3대 구본무 회장 등이 있다.

4부
해외에서 한글 글쓰기와 디아스포라

겨울 산행

관습의 발전적인 변화

기본적인 형법의 원칙들

해외에서 한글 글쓰기와 디아스포라

나의 작품 세계

미국 동부지역의 한글 문단

식목일 단상

연극

설악산 여행

교우들과의 산행

폭설

대조적인 여인들의 모습

펜실베이니아 농장 방문

김광석 새 뉴욕한인회장과 한인회에 바란다

큰딸

아내

자랑스러운 내 조국

크리스마스 스펙타큘러

겨울 산행

 오늘 한겨울이지만 일상에서 벗어나 산에 간다. 동료들과 함께 간다. 지난 12월에는 한 해를 마무리하는 산행을 했고 이번은 새해 들어 첫 산행이다.
 뉴욕시에 있는 집을 떠난 지 1시간 30분 후 재키 존스(Jackie Jones) 산 입구에 도착했다. 이 산은 뉴욕주 라클랜드 카운티 하버스트로(Harverstraw, Rockland County)에 있다. 엊그제 눈이 왔는데 어제 폭우가 쏟아졌기에 계곡 개천의 물 흘러내리는 소리가 웅장한 교향악으로 들린다. 바람이 심한 날씨임에도 산에 오니 바람이 없다. 산속으로 올라가니 영상의 온도로 산길에도 물이 흐른다. 엊그제 내린 눈이 군데군데 쌓여 있다가 녹아내리고, 어제 내린 비로 낙엽더미에 고인 물이 낮은 곳으로 흐르기 때문이리라. 벌거벗은 나무들이 내면의 성숙을 위해 삶을 뒤돌아보고 미래를 꿈꾸고 있다. 눈보라 강추위가 몰려와도 봄을 기다리며 고난을 참고 견디며 살아간다.

발이 물에 빠지지 않도록 물이 많지 않은 지점으로 조심하며 발을 옮겨 걷는다. 오르막길을 걷다가 내리막길을 걷다가 다시 오르막 내리막을 반복하며 걸음을 옮긴다. 산길은 대부분 직선보다는 곡선이 많다. 사람도 순탄한 삶만을 사는 사람은 별로 없다. 시련에 주저앉지 않고 꿈을 향해 꾸준히 나아가면 어려움도 극복해 내리라.

겨울에 산에 가야지 하고 생각하는 사람도 막상 실행에 옮기기는 쉽지 않다. 추위에 겁을 내고 위험할까 두려워한다. 산에 들어가니 그리 춥게 느껴지지 않는다. 산에는 수많은 생명체가 살고 있다. 곰은 땅속 어디서 겨울잠을 자고 있는지 궁금하다. 산속 길을 계속하여 걷고 또 걷는다. 수령이 오래되어 쓰러진 나무들도 보인다. 이전 폭풍으로 쓰러진 나무들도 보인다. 벼락 맞아 일부분만 남은 나무는 괴상한 몰골을 하고 있다. 쓰러진 지 수십 년이 된 나무들은 점차 흙으로 변해간다. 흙에서 왔으니 흙으로 돌아가고 있다. 나무에 달린 노란 표식을 보며 산길을 간다. 갈림길에서도 노랑 표식을 찾아 길을 가야지 잘못 가면 길을 잃고 헤매게 된다. 산속에서 길을 잘못 가면 고생도 하고 위험하기도 하다. 여러 해 전에 내가 친구와 함께 다이아몬드산 블랙 코스로 산행을 할 때 맞은편에서 오던 서양 여인 두 명을 만났는데 길을 잃고 3시간 반이나 헤매고 있다고 했다. 휴대전화로 구조요청을 하니 산정호수 입구로 오라고 했다며 길을 물어 우리가 함께 안내해 간 적이 있다.

산속 큰 개천을 지나 가파른 경사를 오르니 거대한 바위 위에 쉘터(Shelter)가 보인다. 해리만 큰 언덕 대피소이다. 우리 일행은 주위에서 주워 온 죽은 나뭇가지들을 아궁이에 넣고 불을 피운다. 은박지에 싼 고구마를 불 위에 얹는다. 산행을 할 때 반드시 정상까지 오를 필요는 없다고 본다. 일행이 미리 정한 곳까지 가면 된다. 앨버트 머메리는 "문제는 고도가 아니라 태도다. 산행의 본질은 정상을 오르는 데 있는 것이 아니라 고난과 싸우고 그것을 극복하는 데 있다."라고 했다. 곤로에 냄비를 얹고 끓인 떡국이 별미이다. 군고구마를 먹으니 어릴 적 고향 생각이 난다.

일행의 요청으로 내가 지은 「새해」라는 시를 암송한다.

새해/떠오르는 태양을/기쁨으로 맞이하리//안일과 나태에서 벗어나/새로운 마음으로/젊은 꿈을 지니고/하루하루 감사하며/용기와 도전정신으로 나아가리//원칙을 지키되/유연함을 잃지 않고/언덕을 만나도 좌절하지 않고/믿음으로 오르고 오르면/산을 넘으리//비 오는 날에도/구름을 넘어/햇빛 가득한 하늘을 나는/나 자신을 보리라//세월의 무게에/짓눌리지 않고/청춘의 활력으로/무지개를 만드는/나 자신을 보리라

새해 겨울 산의 정기를 듬뿍 받아 간다.

관습의 발전적인 변화

 여러 해 전에 리비아에서는 내란 중에 카타피군에 의해 강간당한 두 딸을 아버지가 가문의 명예를 더럽혔다고 전통에 따라 죽인 끔찍한 사건이 발생했다. 명예살인이라는 이름 아래 애꿎은 딸을 죽이는 것이 전통이라니. 피해자인 두 딸을 감싸주고 회복하도록 돕는 것이 인간 된 도리가 아닌가? 파키스탄에서는 딸이 타인종의 남자친구와 며칠 동안 외지에 갔다 왔다고 집안의 전통이라며 아버지가 딸을 살해한 사건도 발생했다.
 예수님께서는 간음하다 잡혀온 여인을 유대인의 관습과 전통에 따라 돌로 쳐 죽이려고 몰려온 사람들에게 "너희 중에 누구든지 죄 없는 자가 이 여인을 먼저 돌로 쳐라."라고 하셨다. 사람들이 돌을 내려놓고 물러가자 그 여인을 용서하고 위로하셨다. 당시에 많은 사람들이 당연한 것으로 여기던 잘못된 관습과 관념을 혁파하신 것이다.
 한국에서는 내가 학교 다닐 때만 해도 유서 없이 부모나 조부모가 돌아가신 경우 그 유산을 장손이 물려받았다. 아무리 많은 유산이 있더라도 딸은 아무것도 받지 못하고 아들이라도 장손이 아니면 땅 한 평도 받지 못했다. 상속한 장손이 제 멋대로 재산을 처분하여도 가족이 어쩔 수도 없었다. 장남이 형제자매에게 유산을 나누어 주지 않더라도 너무나도 불공정한 처사이나 집안의 화평을 위해서는 참고 지내는 수밖에 없었다.

그러던 것이 아들들에게만 물려주는 것으로 바뀌었다가 아들딸 구별 않고 모든 자식에게 물려주는 것으로 바뀌었다. 종중의 땅을 팔고도 아들들에게만 나누어 주다가 딸들이 헌법소원을 하여 승소하자 법이 바뀌어 결혼한 딸들에게도 나누어 주게 되었다. 미국에서 여성들에게 투표권이 주어진 것은 1920년이다. 직업에 있어서도 오늘날은 금녀(禁女)의 문이 거의 모든 분야에서 없어지고 있는 세상이다. 내가 최초로 출장으로 미국을 방문했을 때 캘리포니아 고속도로에서 컨테이너 트럭을 여성이 운전하는 것을 보고 놀랐다.

이와 같이 오랫동안 당연하게 여겨지던 관습과 전통도 좋은 방향으로 변하고 있다. 미국에 와 살면서도 한국에서 했던 대로 집안에서 설거지 한번 하지 않는 것이 더 이상 남자다움이 아니다. 만물은 변한다. 특히 모든 생명체는 움직이고 변해야 산다. 발전적인 변화를 거부하는 것은 퇴보하는 것이다.

기본적인 형법의 원칙들

 내가 중학교 시절에 공민 과목이 있었다. 고등학교 시절에는 일반사회 과목이 있었다. 공민 과목과 일반사회 과목을 가르치시던 선생님은 같은 분이셨다. 딱딱한 법을 한참 웃기신 후에 요점을 가르치시어 머릿속에 쏙쏙 들어오게 하셨다. 법과대학을 졸업하시고 교육에 헌신하신 선생님은 매우 명석하고 인간미 넘치는 분이셨다.
 학창 시절에 배운 '헌법 제1조: 대한민국은 민주공화국이다. 대한민국의 주권은 국민에게 있고 모든 권력은 국민으로부터 나온다'는 기억에 생생하다. 형법의 기본 원리인 죄형법정주의, 일사부재리, 무죄추정의 원칙, 증거재판주의도 수십 년이 지났건만 아직도 요점을 기억한다. 요즈음 이러한 기본 원칙들이 잘 지켜지지 않아 논란이 되고 있다. 이에 형법의 기본 원칙들을 다시 살펴보기로 한다.
 죄형법정주의(罪刑法定主義, No penalty without a law)는 어떤 행위가 범죄로 처벌되기 위해서는 그 행위 이전에 미리 성문의 법률로 규정되어 있어야 한다는 원칙이다. 이미 제정된 법률에 의하지 아니하고는 처벌되지 아니한다는 원칙으로서 이는 무엇이 처벌될 행위인가를 국민이 예측 가능한 형식으로 정하도록 하여 개인의 법적 안정성을 보호하고 성문의 형벌법규에 의한 실정법질서를 확립하여 국가형벌권의 자의적 행사로부터 개인의 자유와 권리를 보장하기 위함이다.

일사부재리(一事不再理)는 확정 판결이 내려진 어떠한 사건에 대하여 이 사건으로 다시 재판을 하지 않는다는 사건상의 원칙이다. 동일한 사건에 대해서는 거듭하여 처벌받지 않는다는 뜻으로, '이중처벌금지의 원칙'이라고도 한다. 일사부재리의 원칙이 없다면 무죄추정(無罪推定)이란 형사소송의 피고인은 사법부에서 유죄 판결이 확정되기 전까지는 무고한 사람으로 추정된다는 것을 의미한다. 무죄추정의 원칙에서 말하는 추정(推定)이란 단순한 추측이나 배려를 뜻하지 않는다. 법률용어로서의 추정이란 법률로 확실하지 않은 사실을 그 반대 증거가 제시될 때까지 진실한 것으로 인정하여 법적 효과를 발생시키는 일이다. 이 법적 효력은 형사재판을 통해 최종적으로 유죄 확정시까지 지속한다. 무죄가 확정된다면 무죄로서의 법적 효력은 영구히 지속한다. 공판절차에서의 입증책임은 피고인이 아닌 검사가 지게 된다. 모든 사실과 증언 등을 종합하더라도 법관이 유죄인지 무죄인지 판단이 불가능할 경우에 검사가 입증 책임을 부담하여 패소하게 되는 것이다. 법치국가에서 자유인의 권리를 박탈하기 위해서는 그가 사전에 법으로 정해놓은 죄를 지어, 사회적으로 합의된 형벌을 받게끔 해야 하며, 이를 수행하는 절차가 바로 형사소송이다. 개인은 공권력보다 약하므로 방어권을 보장하기 위하여 유죄를 입증할 책임을 국가에 부여한다.

증거재판주의는 공공의 이익을 위해서 법률로 정해진 바 외에는 국가권력일지라도 개인의 신체를 마음대로 구속하거나 통제할 수 없다는 의미이다. 형사소송법상 증거는 형태가 있는 물증뿐만 아니라 법원 또는 법관의 조서, 검사 또는 형사의 조서, 진술서를 포함한다. 자필로 서명한 진술서라 해도 피의자 또는 피고인의 자백이 유일한 증거라면 유죄의 증거가 될 수 없다.

형법의 집행관들은 물론 모든 국민들이 위의 형법의 기본 원칙들을 잘 알아둘 필요가 있다. 형법을 다루는 공직자들은 국민의 권리와 안전을 위해 법을 공정하게 집행해야 한다. 국민 개인들은 자신의 신체적 안전과 자유로운 권한 행사를 위해서 형법의 기본 원칙 정도는 알고 있어야 한다. 위의 형법의 기본원칙들이 지켜지지 않으면 공정하다고 할 수 없다. 학창 시절에 웃음을 선사하시며 법을 가르치시던 선생님이 그립다.

해외에서 한글 글쓰기와 디아스포라

　미국인들과 오랫동안 일을 해 왔으나 미국에서 교육을 받은 적이 없는 이민 1세대라 그런지 나의 의식을 표현하는 데는 한글이 영어보다는 훨씬 효율적이라고 본다. 한글은 과학적이고 발음하는 대로 표기하기가 영어보다 훨씬 쉽다. 영어는 발음하는 대로 표기하지 않는 것이 많다. 우리 아이들은 큰아이가 네 살, 막내가 한 살 때 한국에서 미국에 왔지만 한인교회에서 한글을 배워 한글을 읽고 쓸 줄 안다. 집에서는 부모들과 한국어로만 소통하게 하였더니 한국말도 잘한다. 많은 한인교회에서 2세들에게 한글을 가르치고 있다. 미국에서도 대학에서 한글을 가르치는 곳이 점점 늘어나는 추세이다. 미동부한인문인협회 주관으로 20여 년 동안 뉴욕과 뉴저지 고교에서 해마다 한글로 백일장 행사도 하고 우수 학생에게 격려금도 주고 있다. 이곳 한인들은 한국어로 말할 때나 한글로 글쓰기를 할 때 가급적 영어 단어를 쓰지 않고 우리말과 한글을 쓰고 있다. 한국 뉴스를 보면 지도자급 인사들이 텔레비전 방송에 나와 순수한 우리말이 있는데도 자주 영어 단어를 쓰는 것과 대조적이라 할 수 있다.

자기가 태어나서 성장하며 교육받고 생활하던 곳을 떠나 이민 생활을 하는 것은 결코 쉬운 일이 아니다. 대부분의 이민 1세들은 미국에서 교육을 받지 못해 한국에서 일했던 것보다 사회적으로 수준이 낮은 직업에 종사함으로 인한 불만족이 있다. 자녀들은 부모가 생업에만 몰두하고 잘 돌봐주지 않고 이해해 주지 않는다는 불만이 있다. 한국인도 미국인도 아닌 것 같아 정체성의 혼란을 겪기도 한다. 부모는 자녀들이 성장하면서 갖는 문화적 이질감에 놀라면서도 포용하며 다독여야 한다. 어려움이 많아서인지 영적인 생활을 하고자 종교를 갖고 교회나 성당에 다니는 분들이 많고 절에 다니는 분들도 있다. 생존을 위해 치열하게 살아가며 영적인 생활도 추구하고 있다.

부모가 모두 한인이더라도 이곳에서 태어난 2세는 1.5세보다 한국말을 잘 못한다. 한국말은 제대로 하기가 그리 쉬운 말은 아니다. 예를 들면 "내가 거기에 가실 때까지 기다려요. 만나고 나서 내가 말해요." 이렇게 어색한 한국말을 하는 한인 2세들이 적지 않다. 세대가 거듭될수록 부모가 자녀들이 한국어를 배우도록 강조하지 않으면 한국말을 더 잘 못하게 된다. 일반적으로 미국인들은 외국어를 잘하는 사람이 많지 않다. 미국을 위해서도 개인을 위해서도 외국어를 하는 사람들에게 더 좋은 기회의 문이 열리리라고 본다. 한국이 여러 면에서 비약적인 발전을 했기에 이곳에 사는 우리의 후손들이 한국어를 배우고 활용하면 문화적으로뿐만 아니라 실제 업무적인 면에서도 도움이 될 것이다.

뉴욕은 미국 문명의 중심에 있고 고층 빌딩이 즐비한 곳이다. 뉴욕은 꿈을 이루기 위해 역동적으로 도전해 보기도, 실패하여 좌절감에 빠지기도 쉬운 곳이다. 강과 바다에 인접한 뉴욕은 한 시간 정도만 차를 타고 나가면 산과 호수를 쉽게 볼 수 있다. 자연을 소재로 삼아 글을 쓰기 쉽다. 한글로 글짓기를 하는 분들은 바쁜 이민 생활 가운데도 시간을 내어 글을 쓴다. 내가 살던 고국과 고향을 그리워하는 향수는 마음을 순수하게 한다. 다문화사회에서 지킬 것은 지키고 받아들일 것은 받아들이며 다양한 소재로 글을 쓰고 있다. 틈틈이 글을 쓰는 동안 강박관념에서 벗어나 마음의 여유도 갖게 되고 기쁨도 얻게 된다. 자신의 의식과 정서를 글로 표현하여 신문이나 책에 발표하고 사회관계망(SNS)을 통해 사람들과 나누고 공감대를 형성해 나가는 것은 즐거움이 아닐 수 없다.

우리말과 한글이 있기 때문에 미국에 사는 동포들도 문화민족으로서의 자긍심을 갖고 살아가고 있다. 고국을 떠나 이곳에 살고 있으나 소리 나는 대로 쓰기 쉬운 표음문자인 한글이 있기에 글쓰기에 많은 도움이 된다. 수많은 상형문자로 표기하는 표의문자인 한문을 쓴다면 자유롭게 글을 쓰기가 쉽지 않다. 한글은 한인사회에서 소통하는 데 많은 기여를 하고 있다. 문학적인 글을 쓰는 데도 크게 이바지하고 있다. 해마다 한글문학을 하는 분들이 늘어나고 있다. 한글 이민문학은 미국에서 발전하고 있다. 하지만 한국으로

부터 이민자가 대폭 감소하였기에 2세, 3세들에게 한글을 배우도록 교육하는 일이 더 중요해졌다. 영어로도 정확하게 번역할 수 있는 이들이 한글문학을 더욱 발전시켜 나아가기를 소망한다.

나의 작품 세계

'나의 작품 세계'라는 말이 저에게는 상당히 거창하게 들립니다. 지금까지 저의 작품 세계가 무엇인지 전혀 생각해 본 적이 없거니와 제가 제 글에 대해 작품 세계가 어떻다고 말하는 것은 낯간지러운 일이라는 생각이 듭니다. 따라서 주어진 주제에 대해 직접적으로 언급하는 것이 조심스러워 변죽만 울리겠습니다. 제가 글을 쓰는 이유는 살면서 무엇인가를 느낄 때 저의 의식을 글로 표현하여 저의 정신과 영혼인 내면의 제가 세상 사람들과 소통하기 위해서입니다. 다음의 시를 쓰게 된 동기를 말씀드립니다.

추억의 소리

깊은 잠을 깨고 보니
뉴욕의 겨울밤
아련히 불어오는
헛바람 하나

'찹쌀떡 사아려 메밀무우욱'
한숨에 달려가는 내 고향 왕십리

* 뉴욕에 산 지도 20여 년이 된 어느 겨울밤에 한참 자다가 잠이 깨서 제가 어릴 적 살던 왕십리 겨울밤에 들리던 소리가 떠올라 글로 옮긴 것입니다.

폭설이 내리는 날

폭설이 내리는 날에는
집 안에서
숲 속의 사슴들을 생각한다
온통 눈 덮이는 산속에서
어디 제대로 피해 있는지
추위에 오들오들 떨지 않는지
배고파 죽겠다 울지 않는지
폭설이 내리는 날에는
두 손을 모은다
죄 없는
사슴들을 위해

* 뉴욕에 살고 있는 제가 폭설이 내리는 날 집 안에서 밖을 보며 사슴을 비롯한 동물들의 안전을 염려하는 마음을 글로 썼습니다.

돌부처

뭔
삶이
이리도
힘든지
하늘 보고
허허허
웃는
돌부처

* 어느 날 생존경쟁은 쉽지 않으며 삶이 힘들다고 느껴져 이 시를 썼습니다.

뉴욕의 하늘

어제의 하늘은
퇴색하지 않은 백색의
도화지였다
안개 밑을 기어가는
이역의 개미
포위망을 뚫고 가는
시간에
진작 찢어지지 않은
뉴욕의
하늘이었다

* 제가 서울에 있는 회사에서 뉴욕으로 파견되어 올 때는 꿈이 푸르렀으나 뉴욕에

오래 살면서 그때의 꿈이 시들어지고 세월만 가는 것 같은 생각이 들어 이 시를 썼습니다.

어머니

푸르고 맑은 하늘 아래
편찮으신 어머니의 손을 잡고
병원에 간다
개나리꽃 활짝 웃는다
개나리야 이 봄처럼 노랗게 피어다오
내년 봄에도 후년 봄에도…
푸르고 맑은 하늘 아래
어머니 모시고 해마다
봄을 거닐 때

* 이 시는 2003년 봄에 어머니가 편찮으시어 모시고 병원에 갈 때 개나리꽃이 활짝 핀 것을 보고 어머니가 사셔서 내년 봄에도 후년 봄에도…. 매해 계속 오래 사시어 봄에 개나리꽃을 보시기를 바라는 마음에서 지은 시입니다. 꽃을 좋아하시던 어머니는 그 후 15년을 더 사시고 102세가 되는 해인 2018년 개나리꽃과 목련이 만발한 봄날에 하늘나라로 가셨습니다.

위의 글들에서 보시는 바와 같이 저는 살면서 일상에서 소재를 찾아 느낀 것을 가급적 쉬운 언어로 표현하여 독자들이 공감하는 시를 쓰도록 노력하고 있습니다.

저의 문학사조를 굳이 말하라면 낭만주의는 아니며 자연주의라고 할 수 있겠습니다.

미국 동부지역의 한글 문단

　뉴욕, 뉴저지, 코네티컷, 로드아일랜드, 오하이오 등 미국 동부지역의 한글 문단을 미동부한인문인협회를 위주로 소개한다. 1989년 2월 9일 뉴욕에서 김송희 시인, 김정기 시인, 변수섭 소설가, 이계향 수필가, 이정강 시인, 최정자 시인 등 11인의 문인이 미동부한국문인협회 발기인대회를 했다.

　1989년 6월 29일 창립총회에서 이계향 초대회장을 선출했다. 오늘에 이르기까지 매해 회원들의 한글문학 작품집인 『뉴욕문학』을 발간해 오고 있다. 2015년 총회에서 미동부한국문인협회를 미동부한인문인협회로 개명하였다.

　2000년부터 미국고교 한글백일장을 매해 실시하고, 학교별 1등 수상자의 글은 『뉴욕문학』에 게재하며 수상자와 교사들을 출판기념회에 참석하게 하고 있다. 미국고교에서 한글백일장을 실시하는 것은 1.5세 2세들에게 한글문학에 참여할 수 있는 기회를 제공하며 긍지를 갖게 하는 뜻 있는 행사이다.

근년에 이르러 한국에서 미국으로 이민 오는 사람들은 그다지 많지 않다. 힘든 이민 생활에도 많은 한인 가정에서 부모가 자녀들이 한글을 배우게 하고 있다. 젊은이들이 한글로 문학을 할 수 있도록 이끌고 도와주는 역할을 미동부문협에서도 위와 같이 하고 있다.

한글로 글을 쓰려면 먼저 한국말을 할 줄 알아야 한다. 부모들이 자녀들이 어릴 때부터 한국말을 가르치고 부모, 자식 간에 한국말로 대화하는 습관을 갖게 하는 것이 중요하다. 그래야 부모 자식 사이에 동질성을 갖게 되고 우리 문화를 보전할 수 있다. 미국에서는 집 밖에 나가면 어린이들이 영어를 하게 마련이다. 그렇기 때문에 집 안에서 할머니, 할아버지, 엄마, 아빠와 한국말을 한다고 해서 영어를 못 배우는 것이 전혀 아니다.

미국에서는 이중언어를 하는 사람을 더 존중하고 본인에게도 도움이 되니 일석이조라 할 수 있다. 한국의 국력이 해가 다르게 신장하고 있고 남북한 통일도 미래에 이루어질 것이다. 동포들이 바쁜 중에도 자녀들과 한국말로 대화하고 자녀들에게 한글로 글을 쓰는 습관을 길러주고 있다. 이곳에서의 한글문학의 저변이 확대되고 있으며, 어려움에도 사명감을 갖고 노력하는 작가들이 있기에 한글문단의 미래는 밝다 하겠다.

한글문학을 꾸준하게 오랫동안 해오고 있는 회원들의 작품을 소개한다.

악성 바이러스 2

시인 김송희

뇌에 종양이 자라고 있다는 것을 알지 못하는
통증이 없는 세포들은
검은 물감을 풀어 놓고 헤엄친다
날고 싶었던 꿈은 까맣게 타들어 가고
어딘가에 숨었다가 살그머니 태어나는
상처투성이의 고목에서도
눈부시게 태어나는
아!
사월의 신록
오랜 세월
그 안에 흐르는 맑은 옹달샘
악성바이러스는 번개처럼 나타나
흔적도 없이 삼켜버린다

초복과 중복 사이

시인 최정자

나뭇잎이 조락(凋落)하고
우듬지가 애통해도
담 높이
기어오른
능소화(凌宵花) 등불 곁에
도토리 초롱초롱하게 매달리는
눈망울

텍사스의 검은 소

시인 안영애

소들은 들판에서 구름을 먹고 산다
낮은 구름은 졸음에 겨워
느릿 느릿 느릿
납작 엎드린 지붕 위에
키 작은 들꽃 위에
내린다
하늘은 저만치서
눈물 한 방울 찔끔 떨어뜨린다
한잔 술에 겨운 시름들이
꽃가루로 날리는 봄날
터무니없이 넓은 땅에
한발 들어서기에는
턱없이 부족한 소의 꿈
헤어짐은 만남을 위한 되새김질
사랑한다면 놔먹여야 한다
석양을 배경으로 줄지어가는 소 떼처럼
태양을 향해 솟아난 뿔
세상의 모든 바람을 잠재울 때까지
하늘로 가는 뿔
서로의 뿔을 맞대고 어쩔 줄 몰라 하는
점 점의 외로움
사랑한다면 놔먹여야 한다
차창 밖으로 스쳐가는 한 무리의 소 떼처럼

권태 4

수필가 정재옥

… 조심조심 타일러서 좀 무거우니까 잘 들어 달라는 주의를 사전에 해야 했는데 그런 다짐을 해 줄 마음마저 집을 비운 채 어딘가를 서성이고 있었기 때문에 생긴 일이기도 하다. 언제까지 내 영혼은 이렇게 잡히지 않는 파랑새를 찾아 멀리멀리 수평선 저 너머를 배회하고 있는 것일까?

이젠 내 손을 움직이기 전에 영혼의 부재부터 막아야 될 것 같다.

방관은 금물이다.

어느 때 또 심술을 부릴지 모르니까.

가엾은 내 손!

가엾은 내 영혼!

가엾은 내 영혼!

식목일 단상

내가 중학교 때 식목일에 나무 심으러 간 적이 있다. 뚝섬에서 배를 타고 한강을 건너니 농촌이었다. 논두렁길을 지나 한참을 비탈길을 가니 학교림에 도착했다. 나무를 몇 그루 심고 나서, 삼립빵을 받아 점심으로 먹었다. 그 후, 내가 다니던 중고등학교가 학교림이었던 그곳으로 건물을 짓고 이사했을 때만 해도 주위에 집이 많지 않았는데 지금은 인구가 조밀한 강남의 대치동이 되었다.

1949년에 정부에서 4월 5일을 식목일로 정하고 해마다 나무 심기를 장려했다. 하지만 나라가 가난했기에 농촌에서 산의 나무를 베어 연료용 장작으로 써서 나무가 많이 남아 있을 수가 없었다. 우리나라 면적의 70퍼센트가 산지인데 유명산을 제외하고는 많은 산이 황폐했다. 외국에 갔다 오는 사람이 비행기가 일본 상공을 지날 때는 산이 푸르른데 우리나라 상공을 지날 때는 산에 나무가 별로 없어 쉽게 구별할 수 있다는 얘기를 선생님으로부터 들었다.

4월 5일을 식목일로 정한 것은 신라가 문무왕 때 삼국을 통일하고 당나라 세력을 몰아낸 날인 음력 2월 25일(양력으로 4월 5일)을 기념하여 나무를 심은 데서 유래했다. 조선 성종 왕이 동대문 밖에 있는 선농단에서 밭을 갈고 나무를 심었던 날이기도 하다. 절기적으로 청명 전후로 나무 심기 좋은 때이다. 내가 오래전에 출장으로 프랑스, 독일, 영국 등 유럽의 나라들을 처음 가보았을 때 울창한 숲이 많은 것을 보고 부러워했다. 한국 정부와 국민이 지난 수십 년 동안 식목일을 준수하고 나무 심기와 치산녹화 사업을 활발하게 벌여 왔다. 그 결과로 오늘날 우리나라 어느 산이나 푸른 숲으로 바뀌어 유럽의 나라들과 비교해도 손색이 없어 기쁘다.

세계적으로 무분별한 삼림 벌채와 이산화탄소 배출로 인한 지구온난화 현상으로 홍수와 기상이변이 자주 발생하여 위기를 맞고 있다. 몇 년 전 4월에 서울을 방문하여 제3한강교를 지나는데 몽골과 중국에서 날아온 황사로 한강이 보이지 않아 충격을 받았다. 코로나19 사태가 발생하기 전 겨울에 한국 방문 시에도 중국에서 넘어온 미세먼지로 많은 시민이 마스크를 쓰고 다녀 놀라웠다.

나무 심기는 앞으로도 이산화탄소 줄이기와 함께 국내외적으로 지속적으로 전개하여 지구온난화를 방지해야 한다. 나도 1년에 나무 몇 그루라도 심어 살기 좋은 환경을 만드는 데 동참하련다. 존경하는 어느 분은 지구 녹화 사업을 위해 미국과 중남미 국가에 나무 1백만 주 이상을 심었다. 앞으로도 나무를 꾸준히 심어 중남미 국가에 심은 모든 나무와 토지를 생전에 그 나라 정부에 무상으로 기증하겠다고 한다.

연극

 미동부한인문인협회에서 가을에 있을 뉴욕문학 출판기념회에서 문인극을 하기로 되었다. 김송희 시인이 연출을 맡아 임혜기 소설가의 단편소설 「나는 시인이에요」를 연극하기로 했다. 첫 번째 연습이 김자원 수필가 댁에서 모두 참석한 가운데 있었다. 연출을 맡으신 김송희 시인이 각색한 희곡 대본을 보며 전반적인 설명을 들었다. 줄거리를 요약한다.
 '뉴욕에 사는 내가 남편이 LA 출장이 잦아지더니 그곳에 사는 여성을 애인으로 사귀는 사실을 남편 컴퓨터의 이메일을 보고 알게 되었다. 직장 생활을 착실하게 하는 남편과 25년 동안 결혼 생활을 순탄하게 해온 나는 충격을 받고 고심 끝에 남편 몰래 해결하려고 했다. 그녀에게 잘못이니 뉘우치고 헤어지라며 장문의 이메일을 보냈다. 하지만 남편이 먼저 접근했으며 이야기를 들어 주다 보니 사귀게 되었고 당신이 남편의 외로움을 느끼게 한 책임이 있다며 품위 있는 척하지 말라는 답장을 받는다. 답장을 읽고 마음에

번개와 천둥이 떨어졌다.'

　대본을 읽어보니 흥미로웠다. 모두가 앉은 자리에서 맡은 배역의 대사를 낭송했다. 앞으로 두 달 동안 매주 한 번씩 모여서 연극 연습을 하기로 하고 첫 연습을 마쳤다. 연출가 김송희 시인의 지도가 있었으나 연습은 자유로운 분위기에서 이루어졌다. 무엇보다도 연습에 참여하면 식사와 환담으로 주어진 시간의 반 정도를 보내고 실제 연습에 반 정도를 보냈다. 연습을 위해 자주 만나다 보니 참여한 문인들 간에도 친근감이 짙어졌다. 열 번 정도의 연습이 끝난 후 늦은 가을밤에 뉴욕문학 출판기념회가 뉴욕 플러싱 소재 대동연회장 크리스털 볼 룸에서 있었다. 약 400여 명의 하객이 참석하여 성황을 이루었다. 1부 순서가 끝나고 식사를 마친 후 2부 순서로 문인극이 열렸다.

　"라라, 처음 느껴보는 감정이야. 나한테 이런 일이 생길 줄은 꿈에도 생각해 본 일이 없는 일이야." "아내와는 의무적으로 살 뿐이야. 죽은 고목 같던 내가 우리 라라를 만나 비로소 숨을 쉬는 것 같구나." "나는 바람둥이가 아니야. 그저 외로울 뿐이야. 외로운 사람이라고." 난생 처음 해 본 연극 무대에서 내가 맡은 역에 몰입하여 거침없이 연기를 하니 관객들이 크게 웃어대며 큰 중간박수를 두 번이나 쳤다. 아내와 애인이 나를 사이에 두고 다투기까지 했다. "나는 시인이에요. 품위를 잃지 않고 싶어요." "오빠가 먼저 외롭다며 접근했어요. 하소연하는 말을 이해하고 이야기를 들어주다 보니 사귀게 되었어요. 오빠는 바람둥이가 아니에요. 당신은 부인으로서 남편이 외로움을 느끼고 정신적으로 피폐함을 느끼게 한 책임이 있어요. 시인 좋아하시네. 남편의 심장을 잘 읽는 감성적인 시인이 되세요. 해결은 그곳에서 하세요."

연극에 참여한 연기자들과 연출가는 연극이 끝나자 함성과 함께 큰 박수를 받았다. 많은 분이 "잘하셨습니다."라고 나에게 인사했다. 연출을 맡으신 김송희 선생님이 나를 보자 잘하셨다며 가슴이 크게 느껴질 정도의 포옹을 했다. 함께 활짝 웃었다. 원작자 임혜기 선생님도 나를 보자 수고하셨다며 밝은 얼굴로 강렬한 포옹으로 기쁨의 축하를 했다. 난생 처음 해 본 연극은 재미있었고 나를 연극의 매력에 푹 빠지게 했다. 집에 돌아와 한국에 다니러 가 있는 아내에게 전화하여 오늘 연극에 대해 얘기하니 "다 늦게 재능을 발견했으니 이제 무얼 어떻게 할 것이에요." 하며 웃었다. 나도 따라 웃으며 생각했다. 그렇다. 내가 연극이니까 실제와 다르게 애인이 있는 바람둥이 역을 재미있게 했다. 영국의 대문호 윌리엄 셰익스피어는 "인생은 무대 위의 한편의 연극이다."라고 했다. 한 사람, 한 사람이 맡겨진 배역에 따라 삶을 통해 연기하는 배우가 아닌가 한다. 즐겁던 연극의 시간은 가을바람과 함께 사라지고 나는 각본도 연출자도 없는 인생의 무대에 돌아왔다.

설악산 여행

뉴욕에서 서울에 온 내가 미국에 가기 전에 살던 잠실에서 친구 최항교가 운전하는 차를 타고 설악산을 향해 간다. 아파트 숲의 서울을 벗어나니 시원하게 뚫린 고속도로, 차창 밖에 펼쳐지는 울창한 숲, 아늑한 농촌, 푸른 하늘, 흰 구름까지 정겹기만 하다.

한참 달린 후 인제 팻말이 보인다. 인제는 내가 예비군 동원훈련에 소집되어 트럭 타고 가는데 내려다보이던 그림 같은 계곡과 개천이 있는 곳이다.

속초수산물 시장에 들러 신선한 생선회를 맛보았다. 고성군 고량포에 가서 저 멀리 보이는 북한해안도 바라보고, 김일성별장, 이승만별장, 이기붕별장을 둘러보며 역사의 편린을 마주한다. 이곳은 38선 북쪽이라 김일성별장이 남아있다. 설악산도 전쟁 전에는 이북에 속해 있었다.

울산바위가 정면으로 보이며 바로 앞에 골프장이 내려다보이는 전망 좋은 호텔에 입실 수속을 마치고 호텔 카페에서 차를 마시며 유리창 밖의 풍경을 보니 아름답기만 하다. 깔끔하게 정비된 산책로를 따라 동해안을 산책하며 푸른 바다, 수평선, 푸른 하늘, 신선한 공기에 내 가슴도 푸르러진다. 해안 도로 아래 철조망은 공비의 침투를 막기 위한 것이리라. 바다에는 해군함정도 보이니 남한과 북한이 대치하는 곳에서 가까운 곳임을 알 수 있다.

회사일로 서울에서 버스 타고 저녁 늦게 도착한 친구 이헌구를 반갑게 만나 토속 맛집에서 생선 요리를 들며 회포를 푼다. 이어서 호텔에서 고교 동기 셋이서 밤늦게까지 이야기꽃을 피우고 단잠에 든다.

이튿날 오전, 설악산 초입에 있는 신흥사를 둘러보고 천불동계곡 길을 따라 올라가니 중국인들, 일본인들 단체 관광객들도 많이 보이고 서양 사람들도 눈에 띈다. 비선대 맑은 물 보니 내 마음도 맑아진다. 원효대사가 수도했다는 금강굴이 올려다보이는 곳에 이르니 거대한 화강암 산이 병풍처럼 펼쳐진다. 저 금강굴에서는 수행이 저절로 될 것 같다는 생각이 든다.

수십 년 전에 아내와 함께 와서 흔들바위까지 가본 후 처음 온 설악산, 고등학교 시절 국어 교과서에도 설악산에 관한 글이 실려 아름다운 여인의 자태를 지닌 산이라고 기억한다. 단풍이 황홀하고 침엽수들도 싱싱한 건강미를 보이고 있다. 멀리 보이는 산봉우리들은 예술적인 자태를 보이고 산속은 아기자기하다. 그동안 가본 스위스 알프스 산맥, 미국 동부의 워싱턴산, 서부의 요세미티 등 외국의 산들과 비교해도 빼어난 명산이다.

학창 시절의 친구들과 함께 설악산의 정기를 받으며 절경을 감상하니 행복에 취한다. 친구들에 감사하고 조국에 감사하고 하늘에 감사한다.

교우들과의 산행

내가 사는 동네인 리틀넥에서 여교우를 태우고 스록넥 브리지와 조지 워싱턴 브리지를 건너 팔리세이드 파크웨이를 달린다. 내가 운전하는 차가 앞으로 달릴수록 진한 녹색의 잎을 달고 있는 나무들이 반대 방향으로 휙휙 지나간다. 교통상황이 좋아 카풀 집결지에 30분 일찍 와서 기다렸다. 속속 도착하는 교우들과 반갑게 인사를 나누었다. 내 차에 뉴저지에 사는 교우 1명 더 태워 3명이 함께 간다. 산행 출발지인 세븐 레이크에 속한 스칸나타티 호수 앞까지 갔다. 모여서 준비운동으로 맨손체조를 한다. 교우회 등산부라고 쓰인 작은 배너를 앞세우고 단체사진을 찍고 나서 산행을 한다.

오르막길과 내리막길을 가다 시냇물을 만난다. 돌 위로 조심스럽게 발을 옮겨 건넌다. 작은 묘목을 심는 노란 셔츠와 초록색 바지를 입은 남녀 청년들이 10여 명 보인다. 나무가 많은 산이나 풀만 있는 빈터에 묘목을 심는 젊은이들이 대견스럽다. 산길에 작은 돌, 큰 돌이 많아 한눈팔다가는 넘어지기 쉽다. 오른쪽으로 구부러진 길로 가다가 아래로 내려가다가 왼쪽으로 가다가 다시 오르막길을 간다.

나무들은 종류별로 모여서 살고 있다. 하늘로 쭉쭉 뻗은 소나무, 전나무, 상수리나무, 느티나무…. 언덕을 넘으니 또 다른 언덕을 만난다. 평탄한 길도 가고, 좁고 어려운 길도 간다. 바위들이 즐비한 가파른 내리막길에 미끄러지지 않기 위해 주의를 기울인다. 크고 작은 나무들이 화평하며 살고 있다. 크다고 우쭐해서 오만하지 않고 작다고 열등감을 갖지 않고 모두 긍지를 갖고 감사하며 살아간다. 오랜 세월 동안 폭풍우에 쓰러져 뿌리째 뽑혀 쓰러진 나무들도 있다. 번개 맞아 그을린 나무도 보인다. 길옆에 누워 있는 나무는 오랜 세월의 풍파로 흙으로 변해가고 있다. 인간의 육체도 흙에서 왔으니 흙으로 돌아가리라.

블루베리 군락에는 열매가 보이지 않는다. 물도 마시고 과일도 들며 휴식을 하는 동안 비교적 동안의 여교우가 블루베리 따 가라고 광고해서 담을 용기도 가져왔는데 블루베리가 어디에 있느냐고 길잡이인 김 교우께 애교 섞인 항의를 해서 모두 웃었다. 김 교우는 지난주 비로 블루베리가 모두 떨어졌다고 한다. 여교우가 사기 아니냐고 농담을 계속한다. 김 교우가 산행 마친 후에 사서 나누어 주어야겠다고 웃으며 응수한다. 어느 단체나 지도자 노릇하기는 쉽지 않다는 생각을 하고 나도 따라 웃었다.

한참을 가다 오르막을 올라가니 넓은 면적의 바위산이다. 내려다보이는 사방팔방이 숲의 바다이다. 가슴이 확 트인다. 일행이 소나무 주위에 둘러앉아 각자 싸 온 도시락을 꺼내 함께 나누어 먹었다. 식사 후 요청에 의해 나의 부족한 자작시 2편을 낭송한다.

그리움

말없이/떠나간 그대 그리며//하늘을 바라보니/흰 구름만 텅 빈 허공을 노니네//그대는 흰 구름/자유롭게 지내시다/이내 돌아와//굳은 땅을/촉촉하게 적시는/보슬비가 되소서//시들은 풀들이/생기를 되찾아/덩실덩실 춤을 추게 하소서

그리움 2

코스모스 한 송이에/반가운 얼굴이 피어나네/무딘 가슴에/한 줄기 바람이 스쳐가네

환담을 나눈 후 산을 내려가기 시작한다. 웬 왕잠자리 비슷한 검은 물체가 상공을 낮게 날아가기에 저게 뭐야 하니 친구가 드론이라고 한다. 알고 보니 산행 길잡이인 김 교우님이 조종하는 드론이다. 전망 좋은 곳에서 단체사진을 찍었다. 하산길은 쉽다고 생각하기 쉬우나 무릎에 무게가 실려 다치지 않도록 주의해야 한다. 햇빛 쏟아지는 곳도 지나고 그늘진 곳도 지나며 산에서 내려왔다.

폭설

 어제 오전부터 내리는 눈이 오늘 저녁에도 그칠 줄 모르고 계속하여 내리고 있다. 이번 겨울에 처음으로 내리는 폭설이다. 어제 낮에는 눈이 한창 내리는데 볼일을 보러 가다가 비탈길에서 신호대기 중인 트럭을 보고서 나는 브레이크를 밟았으나 차가 멈추지 않고 미끄러져 내려갔다. 트럭과 충돌하기 직전에 가까스로 오른쪽 인도로 핸들을 틀어서 No Standing 표지판의 버팀 철주를 들이받아 쓰러뜨렸다. 트럭을 받지 않고 사고를 모면한 것이 기적인 것만 같았다. 얼마 전에 작은딸 현심이가 밤중에 운전을 하다가 졸아서 차를 폐차시킨 정도의 충돌사고를 일으켜서 보험료가 네 배나 올랐는데 이번에 나마저 사고를 냈으면 보험료 인상 걱정 때문에 아내가 까무라쳤을지도 모를 일이다.
 뉴욕의 겨울은 보통 1월에 큰 눈이 오기 시작하는데 12월 초순부터 폭설이 내리는 것을 보니 이번 겨울에는 큰 눈이 많이 올 모양이다. 오늘도 거의 하루 종일 눈이 내리고 있다. 오전에 눈이 잠시 그쳤을 때 우리 집 주위의 눈을 매섭게 추운 날씨임에도 땀을 흘릴 만큼 힘들여 치웠으나 그 이후에도 줄기차게 눈이 내려 언제 치웠냐는 듯이 엄청나게 많이 쌓여있다. 알래스카의 풍경이 이와 유사하리라. 폭설로 인해 오늘은 가족이 집 안에서 지내고 있다. 대학에 가 있는 작은딸 현심이에게 전화를 하니 기숙사 안에서 잘 있다고 한다. 아내는 폭설에 대비하여 그저께 먹을 것을 많이 사 왔다며 이것저것 자꾸 먹으라고 권한다. 어제는 아내가 어머니와 함께 만두도 만들어 주어서 잘 먹었다. 폭설로 밖에 나가 일을 하지 못해도 핑계 김에 집 안에서 가족끼리 오붓하게 지내니 참으로 좋다. 어머니가 창밖을 내다보신다. 내리는 눈을 보며 처녀 시절을 회상하시나 아니면 모든 것을 초월하신 무념으로 덤덤히 보시나 궁금하다. 큰딸 서영이가 눈 치우기 싫어서 캘리포니아에 가서 살아야겠다고 한다. 나는 눈 치우는 수고를 하더라도 폭설이 내리는 뉴욕이 좋다. 설령 폭설로 인해 도시의 기능이 하루 정도 마비된다 할지라도 물질 만능주의에 사로잡힌 사람들의 정서를 풍요롭게 하므로 다소의 불편함이나 일시적인 경제적인 손실은 큰 문제가 되지 않는다고 본다.

  펄펄 내리는 눈을 보면 가슴이 설렌다. 그리움과 낭만이 피어난다. 눈은 산에도 들에도 부자에게도 가난한 자에게도 평등하게 내린다. 눈은 모든 것을 하얗게 덮는다. 잘난 것도 못난 것도 깨끗한 것도 더러운 것도 모두 모두 덮어버린다. 소복이 쌓이는 눈을 보면 마음이 넉넉해진다. 잊고 지내던 그리운 얼굴들도 떠오른다. 모두 행복하게 지내기를 빈다. 눈보라에 떨고 있을 동물들도 생각난다. 사정이 어려운 이웃도 생각이 난다. 이웃에게 작은 것이라도 마음으로 베풀고 싶다. 하염없이 내리는 눈을 바라보며 지난 세월의 부정적인 것들을 훌훌 털어버리고 맑고 밝은 마음으로 희망찬 새해를 맞이하겠다고 다짐한다. 빛을 향해 앞으로 나아가는 삶을 살련다.

대조적인 여인들의 모습

아프가니스탄의 수도 카불(Kabul)에서 집권세력이었던 탈레반 측이 마침내 철수했다. 반군인 북부동맹군이 장악한 후 거리에 나온 여인들의 모습을 텔레비전 화면을 통해 보았다. 마치 양봉업자가 벌통 만질 때 얼굴에 쓰는 기구와 비슷하게 보이는 두건(Burka)을 드리우고 있었으며 머리끝부터 발끝까지 검은 천으로 가리고 있었다. 한 여인은 두건을 벗고 인터뷰를 하였는데 마치자마자 얼른 두건을 다시 뒤집어써 얼굴을 가렸다. 잠깐 두건을 내린 얼굴은 몹시 억압되고 찌든 표정이 역력했다. 온몸은 물론 두 눈만 남기고 얼굴까지 검은 천으로 가리고 걸어가는 모습은 너무나 보기가 안쓰러웠다.

한편 아프가니스탄에서 기독교를 전도하던 죄목으로 수감 생활을 하던 중 극적으로 구출된 미국 여자선교사들이 인터뷰하는 텔레비전 뉴스 장면을 보았는데 몇 달 동안 수감 생활을 한 사람들이라고는 믿기 어려울 정도로 밝고 자유로운 표정이었다. 활기찬 모습과 자연스러운 태도에서 오랫동안 인간의 존엄과 자유를 누리며 살아온 여인들이라는 것을 쉽게 알 수 있었다. 하나님의 기적으로 자신들이 죽지 않고 자유롭게 되었다고 하나님께 감사한다고 울먹이며 말할 때 감동이 되었다.

텔레비전 뉴스에 비친 이 아프가니스탄 여인들과 미국 여자 선교사들은 모두 미군의 공습으로 탈레반 측이 물러가고 북부동맹군이 카불(Kabul)에 입성하여 자유를 얻게 되었다. 그러나 그들의 모습에서 전혀 다른 환경에서 생활해 온 여인이라는 것을 알 수 있었다. 화면에 나타난 아프가니스탄 여인들의 찌든 모습은 대부분의 아프가니스탄 여인들의 모습이고 미국 여자 선교사들의 밝은 모습은 일반적인 미국 여인들의 모습이라고 생각한다. 대조적인 여인들의 모습은 그들이 각각 살아온 대조적인 국가 환경이 만들었다고 해도 과언이 아닐 성싶다.

이번 테러의 전쟁을 아프가니스탄 여성해방 전쟁이라고 불러도 좋겠다. 5년 전에 탈레반 독재정권이 들어선 이후 여성들에게는 직업도 갖지 못하게 하였으며 학교도 가지 못하게 하였고 집 밖으로 외출할 때는 반드시 친척 남자와 동행해야 하며 얼굴 포함 전신을 가리고 다녀야지 그렇지 않으면 감옥에 보내지고 심한 박해를 당했다고 한다. 며칠 전 북부동맹이 여성들에게 교육, 직업, 외출 및 얼굴을 가리지 않아도 되는 자유를 부여하였건만 많은 여성들은 여전히 외출 시 얼굴을 Burka로 가리고 있다. 이는 오랫동안의 억압으로 인해 거의 습관적으로 혹은 안전한 게 좋다는 생각에 기인하는 것 같다.

 21세기에도 이렇게 여성들의 기본적인 인권을 무시하는 만행이 국가권력에 의해 자행되고 있었다니 너무나 놀라운 일이다. 탈레반 정권이 어서 빨리 망해야 되는 당위가 여기에 있다고 본다. 하나님 앞에서 인간은 평등하다. 악의 세력인 탈레반 정권과 빈 라덴의 테러조직이 하루빨리 사라지고 국제사회의 지원하에 아프가니스탄에 국민을 진정으로 위하는 새 정부가 수립되기를 바란다. 여러 종족이 화합하여 자유, 평등, 평화, 행복의 새 나라를 건설해 나아가기를 빈다.

펜실베이니아 농장 방문

 오늘 일정에 없던 일이나 최 시인님과 통화 후 즉흥적으로 결정하여 아내와 함께 펜실베이니아에 있는 이 박사님의 농장을 향해 차를 타고 달린다. GPS를 보니 3시간 30분 걸린다고 한다. 전에는 차로 3시간 걸렸는데 오늘은 날씨가 좋고 주말이라 자연을 찾는 사람들이 늘어난 탓이리라. 현대식 교량인 Mario Cuomo Bridge를 건너며 허드슨강을 보니 요트가 여유롭게 떠있다. 이름 모를 시골 동네에 들러 차에 기름을 넣고 맥도날드에서 간단히 점심을 먹고 계속하여 차를 몰고 간다. 차창 밖으로 펼쳐지는 흰 구름 흐르는 하늘과 나무들이 울창한 숲, 호수, 옥수수밭, 사과 농장, 소들이 풀을 뜯는 목장 등 농촌 풍경이 평화롭다.
 나는 5년 만에 오고 아내는 처음으로 오는 농장에 이르니 농장주이신 이 박사님이 입구에서 반갑게 맞이하신다. 나이가 몇백 년은 되었을 아카시아나무들이 수문장처럼 농장을 지키고 서 있다. 농장 안으로 들어가니 최 시인님, 김 수필가님, 김 수필가님과 동행하여 온 분이 음식을 차려 놓은 식탁 주위에 앉아 있다가 일어나 웃음과 악수로 인사를 나눈다. 점심을 오는 도중에 먹고 왔다고 했지만 그래도 먹으라고 권한다. 나와 아내는 모르고 왔는데 오늘이 최 시인님 생일이라며 잔을 부어 건배를 한다.

식사 후에 이 박사님이 심었다는 나무들 사이를 지나가니 푸른 하늘에 흰 구름이 노닐고 들판에는 야생화들이 춤을 춘다. 풀벌레들이 노래하는 언덕을 넘으니 그림 같은 정자가 나타난다. 일행이 정자에 들어가니 1층 바닥에 도연명이 지은 귀거래사가 이 박사님의 유려한 초서체로 쓰여 있다. 이 박사님의 설명을 들으니 인생무상을 새삼 느낀다. 정자 2층에서 포도주 잔으로 축배를 나눈 후 생일 축하 노래를 부른다. 일행이 포도주 잔을 아내에게 권하니 아내가 이 사람 만난 후에 술을 끊었다고 하여 모두 또 웃는다. 오늘 참석한 여섯 명 중 내가 유일한 남성인데 내가 술을 마시지 않아 남성의 위신을 떨어트린 것은 아닌지 모를 일이다. 나는 분위기를 살리기 위해「아 목동아(Oh, Danny Boy)」를 불렀다. 이 박사님이 고교 시절이야기를 하여 나도 학창 시절 얘기를 했다. 황복동 국어 선생님이 출석을 부를 때 내가 앞 번호 친구가 결석을 하여 "안 왔습니다."라고 하니 출석을 부르시다 말고 방금 누가 말했냐고 했다. 내가 "제가 말했습니다."라고 하니 선생님이 목소리 좋다고 하셨다. 한 친구가 "아나운서예요."라고 하고 다른 친구가 "성우예요."라고 하니 시인이며 호가 명이시던 선생님이 "아나운서와 성우 저리 가라."라고 격려해 주셨다고 했다. 최 시인님이 황복동 국어 선생님(황명 시인)과 한국문인협회 이사장 시절에 자주 만났다며 인품이 훌륭하신 분이었는데 일찍 돌아가셨다고 아쉬워했다.

  이 박사님의 안내로 농장 안에 있는 계곡 개천으로 가서 폭포를 보니 시원하다. 폭포 위로 돌아가니 근처에 있는 호수로부터 흘러나오는 물을 비버(Beaver)들이 나뭇가지들로 막아 만든 작은 댐을 보았다. 댐 부근 숲가에 비버들이 이로 깎아 도끼를 사용한 것 같이 날카롭게 잘려 누운 큰 나무들을 보니 놀랍기만 하다. 정자 옆에 새로 지은 움막에 들러 이 박사님으로부터 지구녹화사업의 일환으로 생전에 나무 100만 주를 심으려는 계획과 이미 중남미에 80만 주를 심었고, 나중에 그 나라 정부에 기증하겠다는 얘기를 감명 깊게 들었다. 집으로 돌아오는 차 안에서 생각한다. 오늘 일상에서 벗어나 가을의 농촌 풍경을 보고 농장을 둘러보았다. 최 시인님의 생일 축하도 하고 나의 학창 시절의 추억과 별세하신 은사님을 회상하기도 했다. 지구온난화로 기상재해의 피해가 심한 때에 나무를 심어 지구를 푸르게 하려는 이 박사님의 숭고한 뜻도 들었다. 미리 계획한 것은 아니었으나 여유롭고 즐거운 하루를 보낸 것에 감사한다.

김광석 새 뉴욕한인회장과
한인회에 바란다

지난 6월 11일에 실시한 제38대 뉴욕한인회장 선거는 전 뉴욕한인봉사센터 회장인 김광석 후보가 뉴욕한인변호사협회장인 강진영 후보를 누르고 승리했다. 4개월 전에 선거관리위원회에 의해 김광석 예비후보자의 후보 자격 박탈로 촉발된 파행이 언론과 여론의 질타와 역대 뉴욕한인회장들의 중재로 경선으로 치러지기까지 여러 고비가 있었다. 하지만 예년보다 많은 한인들이 투표에 참여한 가운데 공정한 선거를 통해 새 뉴욕한인회장이 선출된 것은 참으로 다행한 일이다.

먼저 승리한 김광석 회장 당선자께 축하와 격려의 말씀을 드린다. 선거 결과에 승복한 강진영 후보께는 위로의 말씀을 드린다. 투표에 참여하신 모든 분들께도 감사한다. 에이브러햄 링컨은 "투표는 총알보다 강하다."라고 했다. 이제 치열한 선거는 끝났다. 승자와 패자, 그리고 양측의 지지자들이 차분한 마음으로 선거기간 중에 있었던 대립의 골을 메우고 분열이 아닌 통합과 화합을 이루도록 노력하기 바란다.

뉴욕, 뉴저지주 등 11곳의 투표소에서 실시된 이번 선거가 후보 자격 문제를 놓고 파행사태 등을 겪으면서 한인사회로부터 큰 관심을 받았다. 수많은 한인들이 투표에 참여한 것은 고무적이다. 한인회에 대한 한인들의 관심이 많아지면 그만큼 한인회도 발전한다. 뉴욕한인회가 알찬 성장을 할수록 동포들의 자긍심도 커질 것이다.

김광석 당선자는 '더 듣겠습니다'라는 표어 아래 구체적인 선거 공약도 발표한 바 있다. 인터넷을 통해 선거 공약을 검색해 보았다. 봉사하는 한인회: 한인사회 지원 서비스 프로그램 개발, 각 직능단체 지원 정책 개발, 경로/청소년/인권보호/봉사 등 위원회 도입, 각종 사회 교육프로그램 개발 운영, 개방하는 한인회: 한인 모두가 주인이 되고 폭넓게 참여하여 한인사회 공동체 이익 확대, 추천위원회 통한 지역별 이사 영입, 도약하는 한인회: 정부기금 확보로 한인사회 기여 확대, 차세대 육성 참여 확대, 청소년 문제 대책 마련, 조직 확대 개편 업무 범위 확대…. 무엇 하나 버릴 것이 없는 것 같다.

김광석 제38대 뉴욕한인회장이 뉴욕한인봉사센터를 30년 동안 이끌고 발전시킨 경험을 바탕으로 공약을 실천하도록 노력하겠지만 결코 쉬운 일이 아니다. 새 뉴욕한인회장과 한인회에 대한 바람은 다음과 같다. 첫째, 공약을 재검토하여 우선순위를 정해 시기별로 완급을 가려 추진하기, 둘째, 집행부와 이사회에서 일할 인재를 널리 구하기, 셋째, 한인사회의 통합과 화합을 위해 노력하기, 넷째, 여러 직능단체와의 유기적인 협조관계 강화하기, 다섯째, 동포들을 위한 실질적인 권익 증대 사업으로 자긍심 제고하기 등이다.

  새로 출범하는 제38대 뉴욕한인회가 많은 동포들의 성원과 협력에 힘입어 도약하기를 바란다.

큰딸

   큰딸 서영이는 서울에 있는 고려병원에서 태어났다. 나는 회사 생활로 바쁜 시절이었으나 첫딸을 만나러 신생아실에 갔다. 유리벽을 사이에 두고 간호원이 안고 온 아기를 잠시 동안만 볼 수 있었다. 아기는 세상에 갓 나와 아직 얼떨떨한 표정이었으나, 나는 내 자식이 세상에 태어나서 기쁨이 가득했다. 아내가 아기를 데리고 퇴원하여 잠실 아파트에 온 후에 처음으로 서영이를 안아보았다.
   내가 회사에서 뉴욕 현지법인으로 1985년에 파견되어, 서영이가 네 살 때 가족과 함께 뉴욕으로 이주한 이래 미국에서 살고 있으며 미국 이름은 사라(Sara)다. YMCA 유치원에 다닌 지 얼마 안 됐을 때 선생님이 부모를 호출하여 갔더니 선생님의 지시를 즉시 따라 하지 못하고 이리 오라고 해도 얼른 오지 않고 쭈뼛쭈뼛하니 1주일에 5일 대신에 2일만 보내라고 했다. 나는 한국에서 미국으로 온 지 오래되지 않아 영어도 모르고 새로운 환경에 적응이 안 돼서 그러니 1주일에 5일 동안 다니게 해달라고 요청하여 계속 다녔으나 진전이 없다고 다시 연락이 와서 2일만 다니게 했다. 그로부터 2년 후 초등학교 2학년 때 학예회에 가보니 서영이가 능숙하게 영어로 학예회 사회를 보아 감격했으며 차별 없이 기회를 준 학교에 감사했다. 서울에서 고전무용을 작은고모로부터 배우다 미국에 와서는 무용학원에 다녔고 피아노와 바이올린을 개인 지도로 배웠으나 악기 연주보다 무용에 재능이 더 있었다. 1년에 한 번 하는 무용발표회를 마친 후에 아내는 다른 학생들의 부모로부터 서영이가 무용을 매우 잘했다고 인사를 받곤 했다. 초등학교 6학년 때는 엄마 가게 손님이 뉴욕시 소비자보호국에 부당하게 신고한 것을 서영이가 작성한 편지 한 통으로 해결했다. 중학교 때는 야구를 했고 고등학교 때는 테니스를 했다. 학교를 옮겨 9학년 때 학년회장을 했으며 1년을 다닌 후 뉴욕주 최고 수준의 공립학교로 전학했다. 중고교 시절에는 교회에 열심히 다녔다. 11학년부터 운전을 했고, 대학 때는 차로 6시간이나 걸리는 곳에서 집이 뉴욕인 친구들을 차에 가득 싣고 오곤 했다. 주관이 뚜렷했으며 대학 3학년 때는 교환학생으로 이태리에서 1년 동안 공부하고 왔다. 대학을 마치고는 한국에 가서 1년 동안 아르바이트로 영어를 가르치고 한국어 연수도 했다. 보스턴 옆 케임브리지에 있는 대학원 시절 만난 스티븐과 우리 교회에서 결혼식을 했다.

  그 후 아들과 두 딸을 낳아 지극 정성으로 돌보아 올 가을에 아들은 8학년, 큰딸은 5학년, 막내는 2학년이 된다. 아들은 야구 개인지도를 받으며 두 딸은 무용학원과 미술학원에 다니는데 애들 엄마가 차 운전을 해주느라 분주하다. 부모가 잘 지원해 주지도 못했는데 큰딸이 어엿하게 성장하여 가정을 잘 꾸려나가니 고마울 따름이다. 큰딸이 시애틀(Seattle)에 살고 있어 1년에 두세 차례 만난다. 큰딸 식구들이 집에 올 때는 아직 미혼인 작은딸도 집에 오며, 존스 비치도 함께 가고 야구 관람이나 유에스 오픈 테니스(US OPEN TENNIS) 경기 관람도 온 가족이 함께한다. 크리스마스 시즌에는 라디오시티 뮤직 홀(Radio City Music Hall)에서 「크리스마스 스펙타큘러」 관람도 온 가족이 함께한다. 사위와 손주들도 한식 음식을 좋아하여 집에서 한식으로 식사하는 데 문제가 전혀 없다.

　큰딸은 일을 미리 기획하여 하는 기획력과 창의력이 꽤 있는 편이다. 한 가정의 주부로서 남편을 내조하며 세 아이를 사랑으로 양육하고 있다. 친정 부모와 시부모에게도 잘하는 믿음직한 딸이다. 큰딸은 자신이 살고 있는 미국을 사랑함은 물론이고 자신이 태어난 한국을 사랑하여 작년에 이어 금년 11월에도 가족과 함께 한국을 방문한다.

아내

 자기 아내에 대해 좋은 점을 말하거나 칭찬을 하면 팔불출이라고 하여 못난 사람 취급하는 것은 없어져야 할 구습이다. 세상에 모래 알같이 많은 사람 중에 아내와 만나 사는 것은 참으로 대단한 인연이 아닐 수 없다. 나에게 가장 소중한 사람은 나의 아내이다. 아내는 나의 부족한 점이나 내가 갖고 있지 않은 점을 많이 가졌다. 결혼 전 데이트하던 시절에도 내가 상사에 다니느라 바빠서 약속 시간을 못 지키고 늦게 가도 언제나 기다려 주는 배려심과 참을성이 있었다.

 나는 2남 2녀 중 막내이나 결혼 초부터 어머니와 함께 살았다. 아내가 직장 생활을 하는 동안 어머니가 집안 살림을 많이 도우시기도 했지만 아내가 어머니와 화목하게 지내어 고마울 따름이다. 큰딸과 작은딸을 낳아 사랑으로 양육하여 큰딸은 자녀 셋을 낳고 남편과 가정을 이루어 전업주부로서, 작은딸은 직장인으로 어엿하게 살고 있다. 나는 결혼 전에 어머니가 깔끔하신 분이라 음식도 정갈하게 하시는데 결혼하면 아내 될 여자가 음식이나 제대로 할는지 약간 걱정이 되기도 했다. 다행스럽게도 그것은 쓸데없는 걱정이었다. 아내는 서울에 있는 여자고등학교 가정교사 시절 학교 큰 행사가 있을 때 가정교사들 중에서 제일 젊었는데도 음식 만드는 일을 도맡아 했다고 한다. 미국에 살면서도 김치, 깍두기, 오이소박이, 동치미 등을 손수 담근다. 교회에서 바자회를 할 때도 김치, 깍두기 등을 정성을 다해 만든다. 집에서 교회 구역 모임이나 동창 모임 등을 할 때는 아내가 모든 음식을 직접 만들어 대접했다. 사람들이 집에서 아내가 만든 음식을 내가 잘 얻어먹으니 운이 좋은 남자라고 하면 웃어넘겼다.

아내는 나와 대조적 면이 많다. 나는 어렸을 때 누나가 물 한 컵 떠오라고 하면 물을 약간 흘리고 왔고, 손으로 하는 일을 잘 못할 정도로 덩둘한 편이었다. 아내는 손재주가 있어 손으로 하는 일을 빠르게 해치우며 꼼꼼하다. 휴대전화기도 여러 가지 용도를 나보다 더 잘 안다. 나는 스포츠 경기나 산행 등 운동을 좋아하지만 아내는 운동에는 관심이 없고 음악을 좋아한다. 나는 학창 시절에 수학을 제일 못했으나 아내는 수학을 제일 잘했다고 한다. 나는 일찍 자고 일찍 일어나는 아침형 인간이고 아내는 늦게 자고 제때에 일어나는 편이다. 내가 새벽에 시를 쓰고 자고 있는 아내를 깨워 독자로서 글이 어떤지 읽어보라고 하면 읽고 괜찮다고 평을 하기도 한다. 아내는 내가 쓰는 시나 수필의 첫 독자이다. 미국에서 작은 가게를 운영했을 정도로 생활력도 강하다. 아내는 말이 적어 상냥해 보이지 않지만 이웃을 배려하고 작은 것이라도 베풀기를 즐겨 한다. 아내는 성격이 무던하고 믿음직스러운 사람이다.

자랑스러운 내 조국

한국은 나의 조국이니 방문할 때마다 설레고 모든 것이 정겹다. 인천공항은 세계적 수준의 현대식 건물이고 모든 시설이 잘 갖추어져 있다. 세관 통관도 비교적 간편하여 오랜 시간이 걸리지 않는다. 인천공항은 종이 한 장 떨어져 있는 것을 볼 수 없을 정도로 깨끗하다. 반면에 쓰레기통은 많지 않아 찾기가 쉽지 않다. 사용한 휴지나 캔디 포장지 등을 아무 데나 버릴 수 없어 호주머니에 넣고 다니다 쓰레기통에 버리게 된다.

인천공항에서는 버스 시스템이 잘되어 있고 전철이나 KTX 고속열차도 탈 수 있다. 공항버스를 타고 조금 가면 차창 밖으로 바닷가에서 놀고 있는 방게들을 볼 수 있다. 동심이 되살아나 기쁘다. 오른편으로 송도 신도시의 고층 건물들이 산뜻하다. 곡선의 아름다움을 보이는 길고 긴 인천대교를 달리니 가슴이 확 트인다.

서울을 둘러싸고 있는 북악산, 인왕산, 남산, 관악산 등 산들이 믿음직스럽다. 한강은 깨끗하고 교량도 많다. 유람선도 한가로이 떠다닌다. 프랑스 파리의 센강보다 한강이 훨씬 크고 깨끗하다. 한강에는 최고로 깨끗한 물에서만 산다는 수달도 산다. 한강공원을 거니는 사람들이 여유롭다. 지나가는 사람한테 내가 찾는 곳을 물어보니 여러 해 전보다 친절하게 알려준다.

서울은 고층 빌딩이 즐비하고 고층 아파트들도 헤아릴 수 없이 많다. 도시 한복판을 흐르는 청계천에는 맑은 물이 흐르고 물고기들과 청둥오리, 백로도 와서 노닌다. 관광객들이 많이 찾아올 만큼 서울의 명소가 되었다. 경복궁과 북촌 한옥마을, 명동에는 일본인을 비롯한 외국 관광객들로 붐빈다. 수학여행 온 일본 고등학생들도 눈에 띈다.

지하철은 안전하고 빠르기 때문에 대다수 시민들이 이용한다. 전철 안팎이 청결하다. 내가 사는 뉴욕시의 지하철과 비교할 수 없을 정도로 깨끗하고 연결선도 별도의 돈을 내지 않고 탈 수 있다. 고속도로가 많아 차를 타고 지방 가기도 좋다. 서울에서 버스를 타니 처음으로 간 경남 진주시는 3시간 30분 만에 도착했다. 서울에서 KTX 고속열차를 타고 가니 경북 경주시는 2시간 4분 만에, 광주광역시도 2시간 만에 도착했다. 국토의 70퍼센트를 차지하는 산지는 어디나 울창한 숲을 이루고 있다. 몇 년 전 경주 남산에서 우연히 만난 문화재 관리국 직원은 오늘 서울에서 고속열차로 왔다며 남산을 둘러본 후 그날 저녁에 서울로 돌아간다고 했다. 이와 같이 전국이 1일 생활권으로 바뀐 지 오래다.

도시와 농촌의 격차가 많이 줄어들어 농촌에서도 가구당 자동차 한 대는 갖고 있다. 어느 지방이나 경쟁적으로 관광지와 문화유적지를 조성하여 볼거리가 풍성하다. 둘레길이나 산행길에는 나무 계단도 설치되어 있어 안전하고 편리하다. 거리에는 쓰레기통이 흔하지 않으나 깨끗하다. 미국에는 공항이나 공원에서 큰 쓰레기통이 쉽게 눈에 띈다. 하지만 공공장소에 버려진 휴지나 캔이 자주 보인다. 공항이나 거리, 공원에서 쓰레기통 찾기 쉽지 않은 한국이 큰 쓰레기통이 흔한 미국에 비해 깨끗하다. 청결함은 공공시설을 깨끗이 하겠다는 시민들의 참여의식에 달려 있다고 볼 수 있다.

1945년 2차 세계대전이 연합국의 승리로 끝나 일본의 식민지에서 해방되었다. 미군정을 거쳐 대한민국이 수립된 해는 1948년이다. 6·25 전쟁의 참화로 폐허가 되어 1953년 정전이 되었고 미국의 잉여농산물 원조를 받았다. 잘살아 보자는 일념으로 땀 흘려 일해 온갖 어려움을 극복하고 조국을 선진국 반열에 올려놓은 온 국민이 자랑스럽다.

크리스마스 스펙타큘러

　크리스마스 계절에 뉴욕에서 볼거리로는 라디오 시티 뮤직홀에서 공연하는 「크리스마스 스펙타큘러(Christmas Spectacular)」가 단연 으뜸이라고 할 수 있다. 이 공연은 11월 18일에 시작하여 새해 1월 2일까지 계속된다. 라디오 시티 뮤직홀은 1260 6th Avenue, New York, NY 10020 록펠러 센터 건물 중 하나에 있으며 1933년 12월에 개관했다. 수용 인원은 6,000명이다. 내가 오래전에 상사 주재원으로 근무한 사무실이 한 블록 떨어진 건물에 있어 이 앞을 자주 오갔다. 나도 가족과 함께 여러 해 겨울에 「크리스마스 스펙타큘러」를 관람했다. 어머니도 즐거워하셨고 아내와 어린 두 딸들도 재미있어했다. 극장의 규모와 첨단 기술의 무대장치, 중단 없는 진행, 현란한 의상과 출연진들의 무용 실력, 관현악단의 연주, 실물 낙타들의 등장이 기억에 새롭다.
　몇십 년 만에 큰딸과 사위, 세 명의 어린 손주들, 미혼인 작은딸, 아내와 함께 금년 크리스마스 3일 전에 라디오 시티 뮤직홀을 찾앉다. 온라인으로 미리 표를 샀으나 긴 줄을 서고 나서야 입장했다. 거대한 샹들리에가 빛을 발하고 있었다. 공연장으로 들어갈 때 입체안경을 받았다. 큰 무대 위에는 붉은색 막이 내려와 있었다. 우리 가족은 지정된 좌석에 한 줄로 함께 앉았다.

시작 시간 5분 전에 막이 오르지 않은 상태에서 관현악단을 실은 무대가 아래서 위로 올라오며 축제의 서막을 알리는 음악을 연주한다. 동시에 2층 양쪽 발코니에서 무용수들이 무대로 내려가 춤춘다.

막이 오르고 별이 보인다. 낙타 두 마리에 짐을 싣고 동방박사 일행이 예수님 탄생한 곳을 찾아간다. 동방박사들이 마리아가 앉고 있는 아기 예수님 앞에서 엎드려 절한다. 환희에 찬 율동이 펼쳐진다. 빨간 옷의 산타가 등장한다. 동시에 산타가 썰매를 타고 오는 광경이 영상으로 비춰진다. 입체안경을 끼고 보니 내 코앞에까지 오는 것 같다. 관중들의 탄성이 터진다. 징글벨이 울려 퍼지는 가운데 경쾌한 율동이 보인다. 무대 위에서 남녀가 피겨스케이팅을 하는 앞에서 배우들이 춤춘다. 움직이는 버스가 서니 무용수들이 나와 나비처럼 춤춘다. 로케츠 무용단이 다리를 하나같이 들어 올리며 신나는 춤으로 청중을 매료한다. 배우들이 GLORY N PEACE 글자 하나씩 들고 나온 가운데 모두 나와 인사하고 막이 내렸다. 밖에 나와 록펠러 광장에 있는 크리스마스트리를 보며 '하늘에는 영광, 땅에는 평화'를 꿈꾸었다.

5부
하나님의 은혜

고난받는 자와 함께

관습과 관행을 뛰어넘어

로고스로 받은 은혜

큰처남 별세에

바이올린 선생

믿는 사람

어느 주일 하루

어머니 사랑해요!

회상

처고모를 보내드리며

김은자 시인 출판기념회에

박원선 선생님 서화전에

소병임 선생님 영전에

양정숙 수필가에 대한 회고

이춘희 작가 출판기념회에

황미광 시인 출판기념회에

찬양대원으로 받는 은혜

크리스마스 선물

하나님의 은혜

고난받는 자와 함께

　인생은 광야를 걷는 것과 같다. 하나의 언덕을 넘었는가 하면 또 다른 언덕이 가로놓여 있다. 인생은 망망대해를 항해하는 것과 같기도 하다. 순풍에 돛 단 듯이 나아가다가도 언제 폭풍우가 몰아칠지 모른다.

　겉으로는 멀쩡해 보여도 속사정을 들여다보면 사람은 누구에게나 고난이 있다. 돈이 많아 좋겠다고 여기는 큰 부자도 돈으로 해결할 수 없는 고난이 있다. 대부분의 이민 1세들은 미국에서 교육을 받지 못해 한국에서 일했던 것보다 사회적으로 수준이 낮은 직업에 종사함으로 인한 불만족을 갖고 있다. 경제적인 문제로 생존의 위협을 받기도 한다. 1.5세와 2세들은 부모와의 대화 부족으로 인한 불만과 한국인도 미국인도 아닌 것 같아 정체성의 혼란을 겪기도 한다.

　주님은 슬퍼하는 자와 함께하시고 힘들어하는 사람들을 위로하셨다. 사람들이 상종하기도 싫어하는 사마리아 여인을 찾아가 위로했다. 간음하다 잡혀 온 여인을 사람들이 돌로 쳐 죽이려 하자 "너희 중에 죄 없는 자가 먼저 이 여인을 돌로 쳐라."라고 하며 무리를 물리치고 그 여인을 용서하셨다. 어느 누구에게나 따뜻한 위로가 필요하다. 교회에 와서 자신은 변하려 하지 않고 정죄의 눈으로 사람들을 판단하는 사람도 있다.

초대교회는 언제 잡혀갈 줄도 모르는 상황에서도 서로 위로했다. 나사로의 죽음에 주님은 우셨다. 노인들은 외로워한다. 자살한 노인의 일기장에는 오늘도 아무도 찾아오지 않았다고 쓰여 있었다. 젊은이들도 외롭다. 대학을 졸업하고 나서도 직장을 구하지 못하는 사람이 많다. 자살하려다 미수에 그친 여학생에게 기자가 물으니 '나는 너무나 쓸쓸합니다'라고 했다. 인기정상의 연예인들이 너무 외로워 자살을 하기도 한다. 한민족은 한이 많은 민족이다. 가요도 연속극도 슬픈 것이 많다. 역사적으로 이민족의 침략을 많이 받았다. 일제 강점기에는 꽃다운 여인들이 일본군 '위안부'에 끌려가 일본군의 성노리개가 되기도 했다. 육이오 전쟁으로 슬픈 사연이 없는 집안이 거의 없다. 북한에서 친척들이 고생하기도 한다. 광야와 같은 세상에서 여러 문제로 힘들어하는 사람들에게 새로운 소망과 힘을 갖게 해야 한다.

주님은 약한 자와 병든 자와 슬픈 자와 함께하셨다. 상처받고 지친 사람들에게는 찾아가서 조용히 같이 있어주기만 해도 위로가 된다. 욥이 심한 고난을 받았을 때 찾아온 친구들이 밤낮 칠 일 동안 그에게 한마디도 말하는 자가 없었다. 예수님께서 부활하셔서 자기를 부인하던 베드로의 손을 잡고 위로했다.

　내가 '밝게 웃고 고개 숙여 인사하며 사랑으로 친교하기'라는 목표를 갖고 3년 동안 교회 친교부장으로 봉사할 때 보니, 예배를 마치고 친교실에 와서 말 한마디로 이웃의 마음을 상하게 하고 다니는 분이 간혹 있었다. "나더러 주여 주여 하는 자마다 다 천국에 들어갈 것이 아니요 다만 하늘에 계신 내 아버지 뜻대로 행하는 자라야 들어가리라."라고 주님께서 말씀하셨다. 말 한마디라도 이웃을 기쁘게 하고 북돋는 말을 해야겠다. 주위를 아름답게 변화시키는 일이 한 사람, 한 사람에게 달려있다.

관습과 관행을 뛰어넘어

 철원의 밤하늘에는 무수한 별들이 빛을 냈다. 산들바람이 내 얼굴을 어루만지며 풀벌레 소리만이 적막을 깨뜨렸다. 신비스러운 우주는 누가 창조했을까? 이 아름다운 별들을 바라보는 나는 누구인가? 20대 초반의 병사인 나는 연대 후문 야간보초를 서는 동안 근원적인 생각을 하곤 했다. 부대에서 교회(용문교회)를 건축하여 어느 날 단체로 교회에 가서 군목으로부터 환등기로 영상에 비쳐지는 별들을 보아가며 무한한 우주를 창조하신 하나님에 대한 말씀을 들었다. 교회에 자주 다니고 싶었으나 눈치가 보여 이따금 다닐 수밖에 없었다.
 당시만 해도 연대인사과 군기 잡는다고 고참들이 툭하면 영외에서 술 먹고 와서 한밤중에 내무반에서 잠자고 있는 병사들을 속 팬츠 바람에 밖에 집합시켜 엎드려뻗쳐 시키고 5파운드 곡괭이 자루로 빠따를 치곤 하는 것이 관습이었다. 변소에 가서 바지와 속옷 내리고 보면 엉덩이가 총천연색으로 부풀어 있었다. 아무런 잘못이 없는 사람을 이토록 잔인하게 폭행해도 되는지 하는 생각이 들었다. 다음에 어머니가 면회 오시면 사정을 말씀드리고 소총중대로 전출 가야지 하는 생각이 들었으나 막상 어머니가 면회 오셨을 때 차마 말씀을 드릴 수는 없었다. 이런 분위기에서 교회에 가는 것은 고된 내무생활이 싫어서 요령피우는 것으로 간주되어 자주 갈 수 없었다.

낮에 인사과 행정반에서 근무할 때는 공무원처럼 업무만 보면 되었으므로 편했으나 밤에 내무반 생활할 때는 긴장감이 감돌았다. 집이 멀리 경상도와 전라도에 있어 가족들이 면회 오기도 쉽지 않은 고참들이 무슨 돈으로 밖에 나가 술을 사 먹나 했더니 연대 인사과 끝발(권한의 속된 말임)로 생긴 돈으로 그런다고 누군가가 알려주었다. 나는 상벌(賞罰)과 사건, 사고와 관련된 일을 담당하는 상벌계 일을 선임병(사수라고 했음)과 같이 보았으나 선임병이 제대하여 일병 때부터 사수로 일했다. 하루는 소총중대에서 휴가 중에 헌병에게 군풍기 위반으로 적발된 중위가 찾아와 용돈 쓰라며 흰 봉투를 내밀었다. "장교님 날 뭘로 보십니까? 봐 드릴 수 있으면 그냥 봐 드려야지요."라며 단호하게 거절하니 얼굴이 벌게져서 돌아갔다.

부대가 철책선과 GOP가 있는 최전방으로 옮긴 후 연대 본부에는 교회가 없었으나 인사과 옆에 군종실이 있었다. 간혹 군종실을 방문하면 군종병이 찬송가를 가르쳐 주었다. 그때 배운 찬송가가 「태산을 넘어 험곡에 가도」, 「죄짐 맡은 우리 구주」, 「빈 들에 마른 풀같이」,「주의 친절한 팔에 안기세」,「주는 나를 기르시는 목자」 등등이다. 군종병이 성경을 읽어 주고 간단히 말씀도 전해주고 기도도 해주면 마음이 평해했고 기뻤다. 어느 날 후방에서 목사님들이 십여 분 오시어 세례식을 한다고 하여, 원하는 장병들이 군용트럭을 타고 가서 2대대 연병장에 모였다. 정열을 하고 맨땅에 무릎 꿇고 앉아 나는 어느 목사님으로부터 세례를 받았다. 그 후 부대에서 102 OP 부근에 필승교회(사단의 구호가 필승이었음)를 지어 트럭을 타고 가서 입당예배를 드리기도 했다. 외출이나 휴가 가기 위해 민간인 통제선 안에 있는 마을을 지날 때 작은 교회에서 울려 나오는 여성들의 찬송가 소리가 천사의 소리인 듯 무척 아름답게 들렸다.

병장일 때 약간의 선임병과 동기가 있었으나 내가 내무반장이 되어 한 번도 빠따를 치지 않았다. 병장만 되도 야간 불침번 서지 않는 관행도 없애 버리고 나를 포함한 누구나 순서에 의해 불침번과 동초를 서게 했다. 식기도를 하고 식사 후 내 것은 내가 닦았다. 내무반장이 솔선수범하니 모두가 자기 것은 자기가 닦았다. 한두 명의 신병들이 33명의 식기들을 닦느라 수고하는 일은 더 이상 볼 수 없었다. 고참이 돼서 내가 편하려면 전에 그토록 싫어하던 과거의 관습과 관행을 그대로 따르면 되었다. 내가 만 3년의 국방의무를 마치고 제대한 지 수십 년이 지났건만 아직도 군대 내에서 관습과 관행이라며 가혹행위를 하여 이에 격분한 병사가 동료들을 총으로 쏴 죽이는 사건이 일부 부대에서 일어나는 것은 실로 개탄할 일이다. 장병들의 의식이 변화하여 이러한 악습이 완전히 사라질 날도 멀지 않았다고 본다.

나는 군 복무 시절에 세례를 받고 제대 후 복학하여 학교를 다닐 때도 교회에 다녔으며 직장 생활을 하면서도 교회에 다녔다. 그러다가 미국에 온 이래 한국에 있었을 때보다 훨씬 더 열심히 교회를 다녔다. 나는 지금 군 복무 시절보다 훨씬 좋은 환경에서 신앙생활을 하고 있다. 그때보다 순수한 마음과 열정으로 하나님의 나라와 의(義)를 구하고 있는지 아니면 안일과 나태로 어느 면에서는 정체되어 습관적인 삶을 살지는 않는지 돌아보고 싶다. 나 자신이 관습과 관행을 뛰어넘어 새롭게 변화하여 주위를 밝히는 작은 등불이 되고 싶다.

로고스로 받은 은혜

　오래전 어느 날 새벽기도회에 참석한 후에 따듯한 옥수수차를 마시러 간이식당에 들렸다. 교회 문서출판부를 맡고 있던 집사님이 나를 보자 "로고스에 글 좀 써 내시지요." 했다. "저는 글을 써본 적이 없는데요." "마음먹고 쓰시면 되지 날 때부터 글 쓴 사람이 있나요?" 하며 로고스지 원고 모집의 고충을 이야기하기에 "네, 쓰겠습니다."라고 대답했다. 남의 부탁을 잘 거절할 줄 모르기에 대답은 했으나 엄두가 나지 않아 글을 쓰지 않았다. 일주일쯤 지나 새벽기도회 후 만난 집사님이 "글 쓰셨어요?" 했다. "아직 안 썼는데요." "내일 마감인데 안 쓰셨으면 어떡해요? 오늘 밤에 쓰셔서 내일 내세요."

　밤에 글을 쓰려고 책상 앞에 앉았으나 1시간 동안 아무것도 못쓰고 시간만 보냈다. 언제 글을 썼었는지 생각해 보니 군 복무 시절 전방에서 위문편지 답장 쓴 이래 글을 써본 적이 없었다. 고심 끝에 주제를 정하여 한 자 두 자 쓰다 보니 그런대로 글이 된 것 같아 다음 날 제출했다.

다음 주에 인쇄되어 나온 나의 글을 보니 가슴이 뛸 듯이 기뻤다. "내 글이 인쇄되어 나오다니!" 감격해 있는데 몇 분이 나를 보고 은혜로운 글 잘 읽었다며 격려했다. 간혹 로고스지에 수필을 써냈다. 글을 제출하고 나서는 부족한 글이라 다시 찾아오고 싶은 생각이 들곤 했다. 격려해 주신 교우님들 덕분에 글을 쓸 수 있었다. 어느 분은 「어머니 사랑해요!」라는 글을 은혜로워 7번이나 읽었다고 했다. 또 다른 분은 「발렌타인 데이」라는 글을 매우 감동적으로 재미있게 읽었다고 했다. 교회에서 1년에 한 번 발간되는 등대지에도 수필과 시를 게재했다. 나중에 시와 수필도 공부했고 한국에 있는 문예지를 통해 등단도 했다. 교회에서 문서 출판을 위해 봉사하는 교우님의 말씀에 순종하여 글을 쓴 것이 내가 글을 쓰게 된 동기이다.

글을 쓰면서 글을 쓰는 것이 보기보다 훨씬 어렵다는 것을 알게 되었다. 글은 자신의 의식을 문자로 표현해 내는 것이다. 말도 마찬가지이지만 글은 더욱 어휘를 가려서 적절하게 표현해야 한다. 특히 문학적인 글은 의식과 정서를 가급적 아름답게 표현하도록 노력해야 한다. 하지만 아름답게 꾸미는 데만 급급해하는 것보다 올바른 의식과 정서를 진실되고 솔직하게 표현하여 독자로 하여금 공감과 감동을 갖게 하는 것이 더 중요하다. 누구나 글을 쓸 수 있다. 글을 쓰고 또 쓰고 자주 쓰면 글을 잘 쓸 수 있다.

큰처남 별세에

 새벽에 일어나니 아내가 거실에서 방으로 오며 "큰오빠 돌아가셨어." 한다. "아니 왜…." 하면서 나는 큰 충격을 받는다. 작년에 우리 큰딸의 결혼식에 참석하러 부부가 함께 이곳 뉴욕에 다니러 왔을 때 건강해 보였는데 갑자기 한국에서 청계산 오르다가 심장마비로 별세했다니 놀랍고 믿기지 않는다. 장인어른은 우리가 결혼하기 몇 해 전에, 장모님은 우리가 결혼한 지 몇 해 지나지 않아 돌아가셨다. 처가의 기둥인 60대 초의 큰처남이 세상을 뜨다니 가슴이 아프다. 오늘 밤 비행기로 아내가 한국으로 가 장례식에 참석하기로 결정했다. 작년에 우리 집에서 포도주를 마시며 회포를 풀었는데 더 이상 만날 수 없게 되다니 야속하다는 생각도 든다. 온유하신 큰처남, 부디 근심 걱정 없는 곳에서 영생을 누리소서.
 만난 사람은 반드시 헤어지게 마련이지만 가까운 사람이 타계할 때는 그가 천국에 가더라도 슬픈 것이 인간의 마음이다. 이 세상에서 다시 만나 기쁨을 나눌 수 없으니 아쉬움이 없을 수 없다. 세상에 태어난 사람은 모두가 살면서 죽음을 향해 달려간다고 해도 과언이 아니다. 짧은 인생에 무엇을 이룩하고, 못 하고가 무엇이 그리 대단한 일일까? 어느 면에서 상당히 성취한 것처럼 보이지만 다른 면에서는 보통 사람보다 전혀 이루지 못한 사람도 많다. 떠나갈 때 누구 하나 한 움큼도 가지고 가는 사람을 보지 못했다. 빈손으로 왔다가 빈손으로 가는 인생길이다. 만나는 사람들을 소중하게 여기고 배려하며 사랑하고, 감사와 기쁨으로 열심히 살다가 의연히 죽음의 관문을 통과하는 사람은 분명히 복된 사람이 아닐까 한다.

바이올린 선생

두 딸들이 뉴욕에서 초등학교 다니던 때 피아노 선생이 집에 와서 딸들에게 피아노 지도를 하곤 했다. 예의 바르고 조신하며 얼굴도 고운 젊은 여선생이라고 나의 어머니가 칭찬을 자주 했다. 나중에 만나 보니 어머니 말씀이 조금도 과장되지 않았음을 알게 됐다. 몇 달 후 아내가 초등학교 3학년인 큰딸 서영이에게 바이올린도 가르치자고 했다. 피아노 선생 남편이 바이올린 개인지도 한다며 소아마비 장애인이라고 했다. 나는 악기 하나 연주할 줄 모르는 사람인데 장애인임에도 바이올린을 잘 연주한다니 감동이 되었다. 바이올린 선생은 몇 번 차를 운전하고 우리 집에 와서 교습(lesson)을 했다. 집 앞에 계단이 있어 휠체어(wheelchair)를 탄 상태에서 올라올 수 없어 차고를 통해 집 안으로 들어왔었다. 그 후 집에 와 서영이를 자기 차로 자신의 아파트로 데리고 가서 가르친 후 집에까지 데려다주곤 했다. 승강기(elevator)가 있는 자신의 아파트가 다니기에 편리하기 때문이었다. 하지만 서영이를 데려

오고 데려가느라 두 번이나 왔다 갔다 하는 수고를 감수해야 했다. 나와 아내는 모두 직장에 나가 일하느라 바쁠 때였다.

　피아노 선생이 한국에서 여대생일 때 장애인 봉사하다가 바이올린 선생을 만났고 사랑하고 헌신하는 마음으로 반대하던 부모를 설득하고 결혼했다고 한다. 나는 그 말을 어머니로부터 듣고 피아노 선생이야말로 천사 같은 사람이라고 생각했다. 가을밤에 바이올린 선생이 Brooklyn 대학에서 연주회가 있다고 하여 나는 어머니, 아내, 두 딸과 함께 갔다. 연주를 감상하고 나서 바이올린 선생에게 축하와 격려의 인사를 했다. 몇 달 후 바이올린 선생 가족이 한국으로 떠나갔다. 어린 아들 하나 두고 둘째 아기를 임신한 피아노 선생과 바이올린 선생 가족의 앞날에 하나님의 축복이 함께하기를 기원했다.

　20여 년이 지난 토요일 후러싱 제일교회 새벽기도시간에 휠체어(wheelchair)를 탄 장애인이 간증 겸 연주자로 단 위 오른편에 앉아있다. 차인홍 교수님이 나오시겠다는 소개의 말이 끝나자 박수를 받으며 휠체어(wheelchair)를 굴려 단 가운데 앞으로 나오더니 앉은 상태에서 옆의 의자로 가볍게 옮겨 앉는다. 옛날에 보던 모습이다. 나의 큰딸인 서영이를 지도하던 바이올린 선생이다. 그의 간증을 요약한다.

　"저는 지금 Ohio 주립대학 종신교수로 있습니다. 사람들은 저를 흔히 장애인으로서 성공한 사람으로 부릅니다. 그러나 저는 하나님의 은혜를 많이 받은 사람이라고 생각합니다. 「Thais의 명상

곡(Meditation from Thais)」을 연주하겠습니다. (바이올린을 들고 명곡을 물 흐르는 듯 연주한다.) 저는 가난한 집에서 자라나 9살 때 고아원에 보내져 24살 될 때까지 학교에 가보지 못했습니다. 저는 바이올린 lesson비(수업료)를 한 번도 낸 적이 없습니다. 낼 돈이 없었습니다. 제가 청년 때는 장애인이 교회에 가면 교회 사람들이 싫어하던 시절이었습니다.

 24살 때 책을 붙들게 되었으며 고등학교 검정고시에 합격했습니다. 제가 살아오는 동안 많은 분의 도움을 받고 살아왔습니다. 지금은 고인이 되신 서울대 여 교수의 소개로 미국 Cincinnati 대학에 유학 왔습니다. 1986년에는 뉴욕에 와 5년 동안 살았습니다. 그때 147 Street, 35 Avenue 아파트에 살았으며 미국에서 제일 고생하던 시절이나 박사학위도 받았습니다. 한국에 들어가 5년 동안 살다가 미국으로 다시 왔습니다. 지금은 Ohio 대학 교수로 학생들을 가르치며 두 아들도 잘 자랐습니다. 하나님의 은혜에 늘 감사합니다. 「오 신실하신 주」 연주하겠습니다. (하나님에 대한 신뢰가 느껴지는 연주를 한다.) 이제 고통스러운 때의 마음의 상처는 치유됐으나 잊고 싶지는 않습니다. 긴 터널(tunnel)을 지나다 보니까 터널의 끝이 있다는 것을 알게 됐습니다. 승승장구했으면 하나님의 은혜를 깨닫지 못했을 것입니다.

 저는 많은 나라를 다니며 돈 있는 사람, 권력 있는 사람 등 세상에서 성공했다는 사람들도 많이 만났으나 마음의 아픔과 약함이 없는 사람은 보지 못했습니다. 고통이 많은 시대에 약함을 가졌습니까? 약한 사람이 있어야 이 세상은 돌아가도록 구성되어 있습니다. 그러므로 우리는 서로 빚진 자(者)입니다.「Amazing Grace(나 같은 죄인 살리신)」연주로 마치겠습니다. (다시 바이올린을 들어 주님의 은혜가 가슴에 와닿는 연주를 한다.)"

능숙한 솜씨의 바이올린 연주가 끝나자 회중과 함께 뜨거운 박수를 보냈다. 3곡의 바이올린 연주를 곁들인 간증은 가슴을 뭉클하게 했다. 간증에서 자신이 언급은 하지 않았지만 그의 오늘이 있기까지에는 부인의 내조도 컸으리라. 서둘러 기도를 마치고, 복도에 나와 있는 바이올린 선생과 반갑게 인사를 나눴다. 온갖 고난을 극복하고 이제는 어엿한 위치에 우뚝 섰음에도 겸손함과 감사의 고백을 잃지 않는 바이올린 선생 차인홍 교수와 부인 조성은 피아노 선생과 두 아들의 앞날에 하나님의 은총이 늘 함께하시기를 축복하며 기도한다.

믿는 사람

　세상을 살다 보면 하나의 언덕을 넘었는가 하면 또 다른 언덕을 마주하게 됩니다. 순풍에 돛 단 듯이 나아가더라도 언제 폭풍우를 만나 생명의 위협을 느끼게 되는지 모릅니다. 치열한 생존경쟁에서 스트레스와 좌절감에 빠지게도 됩니다. 험하고 힘든 세상에서 내 힘과 의지대로만 살다가는 죄의 유혹에 빠져 쓰러지기 쉽습니다. 크리스천은 예수님이 구세주이심을 믿는 사람입니다. 하나님께서 우리를 택하시어 죄의 속박에서 자유케 하시고 의롭게 하시고 성경을 통해 진리를 탐구케 하십니다. 주님은 힘들어하는 사람을 위로하시고 슬퍼하는 사람과 함께하셨습니다. 성도는 천국시민의식을 갖고 주님의 말씀에 순종하고 이웃을 이해하고 배려하며 화평케 합니다. 다양한 사람이 사는 세상에서 시민의 한 사람으로서 법도 잘 지키고 어려운 이웃과 지역사회를 위해 봉사와 헌신도 마다하지 않습니다. 상처받고 의기소침한 사람에게 찾아가서 옆에 있기만 해도 위로가 됩니다. 어디에서도 공공의 선을 위해 빛과 소금의 역할을 합니다. 어려운 상황에서도 굳건한 믿음을 갖고 살아가는 사람은 푯대를 향해 힘차게 달려갈 수 있으나 믿음 없는 사람은 그렇지 못합니다. 미움, 시기, 질투, 원망, 탐욕을 지닌 부정적인 사람이 아니라 이해, 배려, 감사, 사랑, 친절을 지닌 긍정적인 사람입니다. 받는 것보다 베풀기를 즐겨함으로 복을 받게 됩니다. 천국에 대한 소망을 갖고 이 세상에서도 매일 일상생활을 통해 기쁜 마음으로 주님의 말씀을 실천하는 성도가 되기를 기도합니다.

"이르시되 너희는 나를 누구라 하느냐 시몬 베드로가 대답하여 이르되 주는 그리스도시요 살아계신 하나님의 아들이시니이다 예수께서 대답하여 이르시되 바요나 시몬아 네가 복이 있도다 이를 네게 알게 한 이는 혈육이 아니요 하늘에 계신 내 아버지시니라."

어느 주일 하루

아침 5시에 일어나 곤히 자고 있는 아내를 깨운다. 오늘은 주일이라 친교부 봉사를 위해 7시까지 교회에 도착해야 되기 때문이다. 하나님께 간절히 기도드린다. 머리가 맑아지고 응답받은 느낌이다. 교회 갈 채비를 하느라 아내가 부엌 앞 아일랜드 위에 와이셔츠와 블라우스를 놓고 다리미로 다리는 모습이 보인다. 3일 동안 직장도 나가지 않고 어제 끝난 바자회 일로 바빴는데 지치지도 않고 어디서 저런 힘이 나오는지? 하나님께서 힘을 주시지 않고서야. 대부분의 동네 사람들이 주일이라 느긋하게 자고 있을 시각에 나와 아내를 태운 차는 이른 아침의 고요를 가르며 동네를 빠져나온다. 식품점 앞에 차를 세우니 아내가 잽싸게 가게 안에 들어가 친교실에서 쓸 우유 3통을 사갖고 온다. 교회 친교실에 들어서니 벌써 H 권사님이 보리차를 준비하고 있다. 나는 테이블 마무리 정돈과 마룻바닥의 지저분한 부분을 청소한다. 나는 예전에 새 옷을 입고 청소부터 한 적이 없었는데 이제는 새로 샀거나 세탁하여 깨끗한 양복을 입고 청소부터 하는 경우가 많아져서 은혜를 받아도 많이 받았다고 생각하고 즐겁게 웃곤 한다. 친교용 빵이 도착하여 빵을 나른 후 친교부원들과 함께 기도드린다. 저희들의 작은 수고가 많은 교우님들의 친교를 원활히 하는 데 보탬이 되고 이 봉사를 통해 더욱 겸손해져서 주님과 이웃을 섬기기에 힘쓰게 되기를 빈다. 한 영혼이 천하보다 귀하다고 하신 예수님의 말씀대로 만나는 한 분 한 분을 귀중하게 여기고 사랑의 마음으로 친교를 나누게 되기를 원한다. L 집사님과 C집사님이 1부, 2부, 3부, 4부에 쓰일 빵을 나누어 바구니에 담는다. 커피도 준비한다. 테이블커버를 닦는다. 거룩한 주일에 은혜로운 예배를 통해 새사람으로 거듭난 성도님들이 친교실에 들러 사랑의 친교를 나누는 모습이 아름답기만 하다. 나는 가능한 한 많은 교우님들과 특히 멋쩍게 서있는 분들과 인사를 나누려 노력한다. 친교부에서는 먼저 밝게 웃고 먼저 고개 숙여 인사하고 먼저 사랑으로 친교하기 운동을 벌이고 있다. 먼저 밝게 웃으면 내 마음이 열리고 상대를 용납하게 된다. 먼저 고개 숙여 인사하면 자기를 낮추는 겸손한 마음이 생기고 상대를 존경하는 마음이 생기게 된다. 먼저 따뜻한 사랑의 마음으로 친교하면 주님의 사랑의 띠로 묶이는 형제애를 느끼게 되어 서로 격려하게 되고 신뢰하게 된다.

 아는 분이나 모르는 분이나 밝은 낯으로 열심히 친교하시는 K장로님을 위시한 교우님들에게 고개가 숙어질 뿐이다. 항상 먼저는 인사하지 않는 집사님이 보인다. 내가 얼른 다가가서 반갑게 인사하니 웃는 낯에 침 뱉는 사람 없다고 인사를 받으신다. 우리 교회에 새로 오신 교우님과 인사를 나눈 후 다른 교우님에게 소개하여 환담을 나누게 한다. 연로하신 몇 분 권사님들의 두 손을 잡으며 인사를 드리니 환하게 웃으신다. 홍보출판부원들이 한편에 모여서 회의하는 모습이 진지해 보인다. 3부 예배에 참석하여 하나님께 기도드리고 김중언 담임목사님을 통해 "능력 주시는 자 안에서"라는 제목의 말씀을 듣는 동안 은혜를 받는다. 내가 주님을 믿지 않았으면 육체의 정욕과 자신의 안일과 이익만을 좇기 위해 혈안이 되어 있을 것이다. 하지만 아직 너무나도 부족하지만 주일을 지키고 지은 죄를 회개하며 거듭나도록 노력하는 현실이 축복이라고 생각한다. 3부 친교가 끝난 후 여자 부원들은 커피포트를 닦고 테이블보를 닦고 정리하느라, 남자 부원들은 테이블들과 의자들을 치우고 친교실 바닥을 청소하느라 분주히 움직인다. 바쁘신 가운데도 시간을 내어 봉사하시는 교우님들이 고맙기만 하다. 4부 친교 준비를 마치고 구역예배 준비하려 서둘러 집에 간다. 오늘은 요양원에 계신 어머니도 찾아뵐 수가 없겠다. 내일 찾아뵐 수밖에…. 아내는 음식 준비를 나는 구역예배 진행 준비를 한다. 인도자이신 C 권사님의 적절한 예화를 곁들인 구역예배를 드린 후, 아내가 만든 음식으로 식사하며 성도 간의 따뜻한 사랑의 친교를 나눈다. 구역 성도님들을 전송하고 나니 둥근 달님이 미소 짓는다. 나도 웃는다. 추석이 가까운 모양이다. 로마서 12장 15~18절의 말씀을 묵상하며 오늘 하루를 마무리한다.

"즐거워하는 자들로 함께 즐거워하고 우는 자들로 함께 울라. 서로 마음을 같이 하여 높은데 마음을 두지 말고 도리어 낮은데 처하여 스스로 지혜 있는 체 말라. 아무에게도 악으로 악을 갚지 말고 모든 사람 앞에서 선한 일을 도모하라. 할 수 있거든 너희로서는 모든 사람으로 더불어 평화하라."

어머니 사랑해요!

 어머니! 오늘 아침 어지러움 증세가 재발하여 일어나지도 못하시는 모습을 뵈니 제 가슴이 매우 아픕니다. 5일 전 병원에서 퇴원하신 후 집 안에서 보행보조기에 의지하여 가까스로 걷기도 하시어 이대로 차츰차츰 회복되시기를 바라고 있었습니다. 이번에 2주일 동안 입원해 계신 동안 거의 잡수지도 못하시고 일어나지도 못하시어 뵙기가 애처로웠습니다. 약 20일 전 어머니께서 방에서 쓰러져 허리를 다치시고 꼼짝도 못 하시는 데다가 몹시 어지러워하시고 자꾸 토하시어 앰뷸런스를 불렀었지요. 구급차를 기다리는 동안 그토록 괴로운 상황에서도 어머니는 친구분께 내일 갖다드리라고 곗돈 봉투를 주셨지요. 매사에 분명하시고 남에게 해를 입히지 않으시려는 평소의 성품이 경황 중에도 나타난 것이라고 생각합니다.

 병원에 입원해 계신 동안 쇠약해진 어머니를 애처로이 바라보며 어머니의 일생을 회고해 보았습니다. 딸만 다섯인 집안의 넷째로서 일본에도 유학을 가실 만큼 외조부모님의 귀여움을 받고 유복하게 성장하셨다지요. 그 옛날 왜정시절에 멋 내시고 뾰족구두를 신고 다니셨다고 이모님들로부터 들었습니다. 결혼하실 때도 자매들 중 제일 부유한 집으로 시집가신다고 이모님들이 부러워하셨다지요. 하지만 이러한 화려함도 잠시, 민족의 비극인 6·25 전쟁으로 인해 남편을 읽고 34세의 젊은 나이로 혼자되신 후 어머니의 삶은 어린 네 자녀와 함께 필설로 표현할 수 없는 고난으로 달음박질하셨다지요. 온갖 고초와 함께 그래도 인생의 풍파를 견디며 저희 사남매를 키워 오신 어머니의 희생을 생각하니 목이 멥니다. 고난과 역경의 세월을 용케도 견뎌내셨습니다. 어머니의 크신 사랑과 은혜에 고개를 숙일 뿐입니다.

막내인 저에게 기대가 크셨는지 어렸을 때 공부하라는 말씀도 많이 하시고 때로는 매도 드시는 등 가정교육도 엄격히 시키셨지요. 그 때문에 동네 어른들과 친구 부모님들로부터 인사성 밝다는 소리를 듣게 하셨고요. "지는 게 이기는 것이다."라고 자주 하신 이 말씀을 지금도 인생의 교훈으로 삼아 오고 있습니다. 옷도 항상 깨끗이 빨아서 다리미로 다려 주신 까닭에 학교 선생님들이나 친구들은 제가 남부럽지 않은 부유한 집안의 아이인 줄로 생각했답니다. 어머니께 잘해 드린 것이라고는 없는 저를 친척어른들께 좋게만 말씀하시어 간혹 과분한 말씀을 들을 때는 민망했습니다.

어머니! 이제 저도 어느 정도 나이가 들고 보니 어머니께 제가 잘못한 것들만 기억납니다. 어머니 말씀대로 공부도 열심히 하고 기대에 부합되게 어엿하게 성공했어야 했는데 그렇지 못하여 너무나도 죄송합니다. 어머니의 사랑을 이해하지 못한 적도 많았습니다. 어머니의 깊은 뜻은 헤아리지 못한 채 집안 살림이나 잘하시지 바깥세상 일은 아무것도 모른다고 어머니를 무시한 적도 있었습니다. 어머니께 잘못한 모든 것들을 늦게야 뼈저리게 반성하고 있습니다. 어머니! 저의 불효를 용서하세요.

매일 새벽마다 조용히 기도하시는 어머니의 모습이 본이 되어 저도 요즈음은 새벽이면 새벽기도회에 가는 것이 습관화되었습니다. 오늘 새벽에도 하나님께 저의 죄의 용서를 빌며 어머니의 건강 회복을 위해 간절히 기도드렸습니다. 어머니는 가족들에게 믿음의 본을 보여 주셨습니다. 저는 어머니로부터 물려받은 세로로 글이 적힌 성경책을 보기를 좋아합니다. 요즈음은 모두 가로로 적힌 성경책을 갖고 있는데 시대에 뒤떨어진 세로로 적힌 성경책을 아직도 사용하고 있느냐는 말도 간혹 듣고 있습니다. 그러나 어머니께서 중요한 구절에 자를 대고 반듯이 색연필로 줄을 그어 놓으신 그 성경책이 저에게는 값진 것이어서 아직 바꾸지 않고 있습니다.

입원하시기 며칠 전에는 사업을 걱정하고 있는 저를 보시고 어려운 때일수록 마음을 밝게 가져야 한다고 말씀하셨지요. 저는 "네, 그렇게 하겠습니다."라고 긍정적으로 대답하였지요. 그와 마찬가지로 어머니도 어려운 때일수록 마음을 밝게 가지세요. 왼쪽 목에서 작은 뇌로 통하는 혈관이 막혀 어지러우시고 이로 인해 넘어져 허리를 다치시어 거동도 힘드시지만 오래지 않아 회복되실 것이니 소망을 잃지 마세요. 의사선생님이 정성 들여 처방하신 많은 약을 열심히 드시고 속히 쾌차하세요. 온 가족과 또한 여러 성도님들께서도 어머니의 쾌유를 기도하고 있습니다. 하나님께서 응답해 주시리라 믿습니다.

 요즈음은 누가 나이를 묻는 것이 싫다고 하셨지요. 그렇게 나이가 많으시냐는 말씀 듣기가 싫다고 하셨지요. 그런 말에 괘념치 마세요. 어머니는 마음이 젊으시니까요. 꽃을 좋아하시는 어머니는 전도사님들 말씀대로 소녀같이 마음이 순수하십니다. 연세와 상관없이 마음이 젊으십니다. 병원에 입원해 계신 동안 의사선생님들과 간호사님들이 젊은 손주들이 할머니를 정성스럽게 간호한다며 여러 번 칭찬했지요. 퇴원 후에도 거동을 못하시고 방에 누우시어 종을 흔드실 때마다 손주들이 달려가서 극진히 간호하고 있는 것 어머니도 보시지요. 어머니께서 평소에 그들을 사랑과 정성으로 키우시고 돌보신 데 대한 하나님께서 베풀어주시는 은혜라고 생각합니다.

 하루 빨리 건강을 회복하시고 교회에 가셔서 하나님께 예배드리셔야지요. 감사와 찬양을 드리고 영광 돌리셔야지요. 병상에서 투병 중인 성도님들, 삶의 어려움으로 힘들어하는 성도님들을 위해서 기도하셔야지요. 어머니의 쾌유를 위해 기도해 주시는 여러분들께도 환한 웃음으로 보답하셔야지요. 어머니! 무더위가 연일 기승을 부리고 있습니다. 이 더위가 한동안 계속될 것 같기도 합니다. 제아무리 그런들 8월 하순경에는 더위가 물러가고 9월 초순쯤엔

선선해지겠지요. 어머니의 병고도 무더위와 함께 물러가기를 간구하고 있사오니 좀 더 참고 이겨내세요. 지금은 끝없이 어두운 터널을 지나는 것 같은 아픔일지라도 그동안 견디어내신 여러 고난처럼 견디어내시면 오래지 않아 어둠 후에 빛을 보듯이 어머니의 건강도 회복되시리라고 확신합니다. 하나님께서 밝은 길로 다시 인도하시리라 믿습니다. 어머니! 사랑해요.

어머니 앞에서 늘 아이이고 싶은 막내 관호 올림

회상

 돌이켜 보니 어릴 때 천진난만하게 뛰어 놀던 때가 행복했다. 북두칠성을 위시한 무수한 별들과 은하수를 선명하게 볼 수 있었던 밤하늘, 삶에 쫓겨 까맣게 잊었던 초등학교 시절 내 고향 왕십리 그립다. 중학교 때 내가 태어난 경기도 광주에 어머니를 따라갔다. 나는 경기도 광주에서 태어났으나 유년기 때 왕십리로 이사하여 광주에 대한 기억이 별로 없었다. 묘지기의 안내로 할아버지 산소에 찾아가 절을 했다. 자수성가하여 경기도 광주에서 양조장, 산판 등 사업을 하시다가 내가 초등학교 1학년 때 돌아가신 할아버지 모습이 눈에 선한데 땅속에 묻혀 계시다니 인생이 허무하다고 생각했다. 이어서 묘지기 안내로 아버지 산소에 가서 절을 했다. 묘지기는 아무도 찾아오지 않아 자손 없는 분의 산소인 줄 알았다고 했다. 맏아들로서 친척들의 기대가 컸다던 아버지에 대한 이야기를 당숙으로부터 들은 적이 있다. 세 살 때 아버지가 돌아가시어 나는 아버지 얼굴도 기억하지 못한다. 어머니가 나를 키우셨으나 이따금 나도 아버지가 있었으면 하고 울기도 했다. 나는 군 복무 시절 연병장 땅바닥에 무릎을 꿇고 후방에서 오신 목사님으로부터 세례를 받았다. 대학에 복학한 후에 교회에 다녔고 회사 다니면서도 주일에는 교회에 나가 예배를 드리곤 했었다. 그런 내가 어느새 중년이다. 세상적으로 돈을 많이 번 부자도 아니고 고위 공직자도 아니고 학문을 연구하는 학자도 아니다. 종합상사 현지법인 주재원으로 가족과 함께 뉴욕에 온 이래 교회에 부지런히 다니며 신앙생활을 열심히 해왔다. 서울에 있는 친척 여동생 남편으로부터 횡령을 당해 금전적으로 큰 피해를 입었다. 그들 부부의 배신과 뻔뻔함에 억울하여 화병으로 죽는다는 말을 실감하기도 했다. 이제까지 사는 동안 여러 가지 시련과 아픔은 주님을 사랑하고 말씀을 실천함으로써 극복하고 치유할 수 있었다. 교회봉사를 통해 이웃을 있는 그대로 이해하고 배려하며 사랑할 수 있었다. 교회 안이나 사회에서도 기쁜 마음으로 봉사하며 소통하고 화합하게 된 것은 주님의 사랑이요 은혜라고 믿는다. 이웃으로부터 무례와 불이익을 당해도 화평을 위해 노력하게 하신 하나님의 은혜에 감사드린다. 연약한 몸으로 4남매를 키우시느라 고생하시고, 저희 두 딸을 돌보아 주셨던 어머니께 무한한 감사를 드린다. 매일 새벽에 기도뿐이 드린 것이 없는데 금년 가을에 100세를 맞이하시니 하나님 은혜이다. 나에게 불평 없이 베풀어준 아내에게 따뜻한 사랑의 마음을 전한다. 아내에게 진 빚 하나님께서 크게 갚아주시리라 믿는다. 사랑하는 딸 서영, 현심, 험한 세상을 굳건한 믿음으로 살아가기 바란다. 하나님을 사랑하고 이웃을 사랑하는 것이 성공의 비결이다. 사위 스티븐, 서영이를 성실히 사랑해 주어 고맙고, 정진하여 노벨 물리학상도 타기 바란다. 귀여운 넬슨과 릴리안, 너희들만 보면 입이 벌어지는 파파의 사랑을 기억하고 훌륭하게 자라거라. 큰 누님, 작은 누님, 형님, 형수님, 사랑합니다. 조카 희순, 동현, 선희, 선영, 사랑한다. 친구들 먼저 가서 미안하고 고마웠네. 이웃으로 지낸 모든 분 감사합니다. 하나님, 제가 이 세상에 존재하게 해주시고 이제 천국으로 불러 주시어 감사하고 기뻐합니다.

성경공부반에서

처고모를 보내드리며

아내의 고모님이 별세하여 텍사스 주 휴스턴(Houston)으로 가기 위해 아내와 함께 뉴저지 뉴어크 공항에 왔다. 7월 하순, 휴가철이라 수많은 사람들로 공항이 붐볐다. 이전 비행기들이 연발하여 우리가 타려던 항공기의 출발 시간이 몇 시간 후로 여러 번 지연됐다. 인터넷으로 검색하니 뉴욕 라과디아 공항에서 출발하는 비행기를 타는 것이 낫겠다고 판단되어 우버택시를 타고 이동했다. 새로 지은 라과디아 공항은 이전보다 내부가 훨씬 크고 시설도 디자인도 잘되어 있어 아름답고 쾌적했다.

비행기가 이륙하는 동안 뉴욕 메츠 시티필드 야구장이 내려다보였다. 집들과 차들과 강이 보이더니 하늘로 높이 오를수록 지상의 물체들이 보이지 않았다. 구름이 흐르는 푸른 하늘이 펼쳐지고, 멀리 뭉게구름도 서서히 형상을 변화하고 있었다. 내가 수십 년 전에 처음으로 휴스턴을 방문했을 때 아내의 고모님과 고모부님을 처음으로 뵈었고, 13년 전에 아내와 함께 방문했을 때는 고모부님께서 단신으로 이북에서 월남하던 이야기를 실감나게 하시어 감명 깊게 들었었다.

휴스턴 공항에 내려 마중 나온 아내의 고종사촌동생을 반갑게 만났다. 아내의 고모님은 남편인 목사님을 2년 전에, 맏아들은 1년 전에 먼저 하늘나라로 보냈다. 외출을 삼가고 작은 아들과 함께 주로 집 안에만 있다가, 피트니스 센터(Fitness Center)에서 운동하던 중에 넘어져 병원에 입원하신 지 이틀 만에 별세하셨다고 한다. 뉴욕에도 오신다고 했는데 요즈음 비행기 사고들이 나서 연기하셨다. 재작년부터 매해 사랑하는 가족을 하나씩 잃은 고종사촌동생에게 깊은 위로의 말을 전했다.

고모님 댁으로 가 기도를 드리고 나서 집 안을 둘러보았다. 이전에 왔을 때 보았던 사진들이 장식장에 그대로 있었다. 침실에 들어가서 옷장에 있는 옷들도 보았다. 흔적은 그대로 남아 있으나 여기에 지금 살아계시지 않으니 그립고 아쉽다.

1938년 한국에서 태어난 아내의 고모님은 일제 강점기와 6·25 전쟁의 어려운 시기를 겪었다. 어린 나이에 부모님이 돌아가신 후, 큰오빠 집에서 살다가 독립하여 선교 단체에서 고아들을 돌보는 일을 했다. 그곳에서 만난 미국인 선교사가 수양딸로 삼아 대학교육도 시켰고, 미래의 남편이 될 목사님을 소개해서 결혼했다. 미국인 선교사님이 은인이었다. 고모님은 남편인 목사님이 휴스턴에서 목회를 하게 되어 한국에서 낳은 어린 두 아들과 함께 온 가족이 미국으로 이주했다.

우리는 새벽 1시경에 호텔에 투숙했으나 깊은 잠이 들지 않아 일찍 일어나 샤워를 한 후, 호텔식당에서 아침식사를 했다. 장례예배에 미국인과 한인이 거의 60여 명씩 참석했다. 미국인 목사님의 집례로 진행되었다. 고모님은 21년 동안 병원 실험실에서 근무한 후 은퇴했다. 남편인 목사님이 성도들을 심방할 때 동행하는 등 목사 사모의 역할도 했다. 체구는 작았지만 강인했다. 가족과 친구들의 사랑, 건강, 안전, 자유 등 모든 것에 대한 하나님의 축복에 감사했다고 한다.

한인 여자 권사님이 바이올린으로 추모 연주를 했다.

예배 후, 친교실에서 과일과 샌드위치로 모두 함께 친교의 시간을 가졌다. 한인들은 한인들끼리 서양인들은 서양인들끼리 같은 테이블에 둘러앉았다. 상주인 고종사촌동생은 먹지도 않고 손님들과 대화하느라 분주했다. 중년 남자분이 나한테 다가와 뉴욕에서 오셨다고 들었다며 인사를 하고 바이올린 연주한 사람의 남편이라며, 자기가 오래전에 고모부이신 목사님을 휴스턴으로 오셔서 목회하시도록 했다고 했다. 몇십 년 동안 관계를 유지하니 신실하고 의리 있는 분이다.

차를 타고 공동묘지로 갔다. 하관예배에서 목사님이 고모님의 영혼은 이미 하늘나라에 갔으며 육체에 존재하지 않는다고 했다. 예배 후에 미리 파 놓은 곳으로 관이 내려간 후, 한 사람씩 앞으로 나가 꽃 한 송이씩 관으로 떨구었다. 우리는 묘지에서 일하는 사람들이 흙을 덮고 떼를 입히고 비석을 놓을 때까지 있다가 떠났다.

한국식 음식점에서 고종사촌동생에게 격려의 말을 하며 식사를 하고 나서, 공항에 가, 작별의 포옹을 했다. 뉴욕으로 가는 비행기 안에서 생각한다. 고모님은 크리스천으로서 신앙심이 깊은 분이었으며 보통사람으로 삶을 성실하게 살았으니 천국에 오르셨으리라 믿는다. 누구나 이 세상에서 유한한 기간을 살다 죽음을 맞이한다. 죽음을 생각할수록 삶도 성실하게, 넉넉하게 살 수 있지 않을까 한다. 삶은 여행이다. 죽음은 이 세상에서의 삶의 여정을 마치고, 보이는 세상에서 보이지 않는 세상으로 떠나는 과정이 아닌가 한다.

김은자 시인 출판기념회에

   오늘 존경하는 김은자 시인의 『비대칭으로 말하기』 출판기념회에서 축하의 말씀을 드리게 됨을 영광으로 생각합니다. 저는 비대칭이라는 말을 북한이 핵폭탄 실험을 하고 핵폭탄 몇 개를 갖게 된 것으로 추정되어 남한에 비해 비대칭 전력을 확보하게 됐다는 언론 보도에서나 들었지 흔히 듣지 못했습니다. 따라서 비대칭으로 말하기라는 제목이 다소 생소하게 느껴졌습니다. 대칭이라는 말은 제가 학교 다닐 때 기하 시간에 처음으로 들었습니다. 제가 빵점을 맞은 적이 한 번 있었는데 그게 기하 시험에서 맞은 것이었습니다.
   『비대칭으로 말하기』 시집을 읽으면서 저는 놀라움, 감동, 감격과 충격으로 가슴이 뛰는 것을 느꼈습니다.
   첫째, 시인의 깊은 사유와 통찰에 놀랐습니다.
   「야크의 기원」이라는 시에서 "그에게 업보는 짐을 운반하는 일 결혼은 짐에 관한계약서다"라고 시작하여 "배설물조차 불쏘시개로 내어놓고 차디찬 눈 강을 헤엄쳐 건너가는 자"라고 끝납니다.

둘째, 시인의 독특한 표현력에 큰 감동을 받았습니다.

「비대칭으로 말하기」라는 시에서 첫 행에서 "울음에 슬픔이 어두워지네", 마지막 연에서는 "울음 밖을 머물던 통렬한 시(詩)도 눈 쌓인 골목을 떠돌던 미완의 노래도"라고 끝나는데 이런 표현은 아무나 할 수 없는 독특하고도 멋진 표현이라 할 수 있겠습니다.

셋째, 시인의 어머니에 대한 효심과 어려움에 굴하지 않고 치열하게 삶을 사는 정신에 감격했습니다.

말에서 "어머니가 돌아가시고 나서야 어머니를 운다 하루도 어머니를 잊은 날 없다"라고 했습니다. 「뼈를 심다」라는 시에서는 "뼈와 살을 주고 돌아가신 어머니를 생각하다 이민 와 산다는 이유로 떠나시는 길마중조차 못해 드렸으면서 가짜 뼈 하나 얻겠다고 며칠씩 밥도 먹지 못하고 잠도 자지 못하다 정작 진골이 돌아가신 날 나는 우걱우걱 고깃국에 밥을 말아먹었다 가짜 뼈를 심고 나서야 뼈를 앓다 뼈를 심다"라고 했습니다. 오래전에 제 옆집에 살던 Pat라는 60여 세 된 아이리시 여인은 90여 세 된 어머니가 돌아가신 후 6개월 만에 충격으로 별세했습니다. 어머니를 여읜 큰 충격을 당하고도 꿋꿋하게 오히려 더 치열하게 시작에 몰두한 김 시인의 자세에 울림을 받았습니다.

넷째, 시인의 공평하게 보려는 시도와 끊임없이 삶의 본질을 추구하는 힘든 노력에 신선한 충격을 받았습니다.

「슬픈 아젠다」라는 시에서 "누군가에게는 표면이 되고 누군가에게는 외곽이 되는 것들 슬프다 면면이 냄새가 되었기 때문이다 면은 선을 이동한 군락이다 그러므로 이편과 저편에는 방안이 없다" 라고 했으며 "쪽과 쪽을 이어주는 것이 비대칭 마침표다"라고 끝을 맺습니다.

저는 보통 시집은 단숨에 끝까지 읽는 경향이 있는데 이 시집은 그랬다가는 제가 가슴이 너무 뛰어 당장 하늘나라 갈 것 같아서 한 번에 몇 편씩만 쉬어 가며 읽었습니다.

「추상화를 그리는 사람들」이라는 시의 마지막 연에 나오는 "겹겹이 쌓인 구름 아래로 비가 흩뿌리는 가운데도 비바람을 휘어잡고 서있는 천리향 나무 한 그루"가 김은자 시인이라고 저는 감히 말하고 싶습니다. 이 시집은 추상화를 감상하듯 읽어보고 또 읽어 볼수록 맛을 제대로 느끼게 됩니다.

독자들에게 놀라움, 감동, 감격과 충격을 주는 시집을 내시느라 많은 고뇌의 시간을 보내신 김은자 시인께 깊은 감사를 드리며 뜨거운 박수를 보냅니다. 『비대칭으로 말하기』 출판기념회에 참석하신 모든 분과 기쁨을 함께하며 축하의 말씀을 드립니다. 감사합니다.

박원선 선생님 서화전에

오늘 존경하는 현운 박원선 선생님의 서화전에서 축하의 말씀을 드리게 됨을 영광으로 생각합니다. 박원선 시인 하면 떠오르는 이미지가 몇 있습니다.

첫째, 한민족의 전통을 사랑하십니다.

한복을 즐겨 입으시고 서예, 서화를 수십 년 동안 하신 것만 봐도 알 수 있습니다.

둘째, 실용적이십니다. 옛날 것만 고집하는 분이 아니라 개량한복을 입으시는 것으로 보아 실용적이시며 정치적으로는 진화된 보수가 아닌가 생각됩니다.

셋째, 종갓집 맏며느리 같은 포용력과 훈훈한 인정을 느낄 수 있습니다.

박원선 시인의 「아름다이 떠나가신 형님」이라는 시의 마지막 두 연을 소개하면 "일찍이 엄마 여읜 내 남편 키워주신 따뜻하고 맘씨 고운 잊지 못할 큰 형님 이제는 하늘나라에서 편안하게 잠드소서 작은 동서 잘 있었나 정겨웠던 그 목소리 그립고 그리움을 마음 깊이 새길게요 큰 형님 고맙습니다 사랑하고 사랑합니다"라고 표현했습니다.

넷째, 예술에 대한 열정과 치열함이 남다르십니다.

각박한 이민 생활에서 예술 활동을 그것도 미주한인서화협회 회장으로 리더십을 보이시며 시인으로 문학 활동까지 하시는 것은 치열한 노력 없이는 불가능하다고 봅니다.

다섯째, 학구적이시어 대학교수, 아니 신사임당 같으신 분입니다.

수준 높은 서예, 서화 작품들이 즐비한 개인전을 여시기까지 많은 고뇌의 시간을 보내셨을 박원선 선생님께 깊은 감사를 드리며 뜨거운 박수를 보냅니다. 참석하신 모든 분과 기쁨을 함께하며 축하의 말씀을 드립니다.

저의 시로써 축사를 마치겠습니다.

2017년 5월 19일 현운 박원선 서예전에

산과 들이 푸르른 5월에
보드라운 바람결 타고 온
라일락꽃 향기는 그대의 온화한 미소

화폭에 담겨진 글과 그림 속에
푸르게 살아있는
그대의 고고한 기상, 자애로운 인품, 치열한 예술 혼

5월이 지나고 여러 해 지나
우리의 육신이 이 땅에서 낙엽 진 후에도
그대의 작품 속에 빛나리라

소병임 선생님 영전에

 다정다감하시며 밝은 웃음으로 주위를 밝히시던 소병임 선생님을 다시는 뵐 수 없다니 슬프고 슬픕니다. 따뜻한 마음으로 대하시고 격려하시던 선생님의 음성과 미소가 너무나 아쉽습니다. 한국에서는 고등학교 교사로 학생들을 가르치시고 미국으로 이민 오신 후에는 손주들을 돌보며 바쁘게 사셨습니다. 시간의 여유가 생기자 오랜 세월 염원했던 문학에 대한 열정으로 수필문학에 심취해 10여 년 동안 쓰신 수필집 『지금 어떻게 지내니』를 출간하셨고 주옥같은 문학작품들을 남기셨습니다.
 「수필이 쓰고 싶다」라는 글에서는 "나의 글 속에는 고향이 있고 어린 시절 사랑하던 이웃들이 있고, 가족들의 울타리 안에서 행복에 젖어 살아가던 지난 모습들이 담겨 있어 나 자신 위로를 받게 된다. 살을 베어 내는 듯한 혹독한 추위와 눈보라 속에서 파랗게 돋아나는 봄배추로 담근 김치처럼, 씹으면 씹을수록 아삭거리며 고소함이 입안에 도는 그런 글, 그런 김치라면 하얀 쌀밥 한 그

릇을 맛깔스럽게 비울 수 있는 그런 수필을 쓰고 싶다."라고 하셨는데 선생님께서는 그런 글을 쓰셨다고 봅니다. 「웃음」이라는 글에서는 "이제부터는 좀 웃으며 살고 싶다. 세상을 살아오면서 어느 누가 상처받지 않고 산 사람이 있을까, 내가 상처를 받았다면 누군가는 또 내게서 상처를 받지 않았을까. 웃자, 웃음으로 머릿속과 마음이 말갛게 희석이 되도록…. 지금의 내가 아닌 또 다른 내가 되기 위해서…."라고 하셨는데 신뢰했던 이들로부터 아픔과 배신을 겪었던 저도 공감하며 자주 웃고 살아야겠다고 다짐하게 됐습니다. 「씨앗의 의미」라는 글에서는 "우리가 씨앗을 심는 마음은 그 어떤 덕을 보겠다는 생각보다 예쁘게 그 씨앗이 트고 자라서 꽃 피고 열매 맺는 경이로움, 그 과정을 즐기려는 뜻이다."라고 하셨는데 제가 텃밭과 꽃밭에서 씨를 뿌리고 가꾸다 보니 선생님의 말씀에 전적으로 공감하게 됐습니다. 선생님이 교편생활 하실 때 '마음먹고 시작한 일은 끝까지 성실하게 해나가야 할 것이다'라는 좌우명으로 삼으셨다는데 사랑으로 부군과 자녀, 손주들을 돌보시고 제자들을 가르치시고 이웃들을 섬기며 문학 활동을 하시며 열심히 성실하게 삶을 사셨습니다. 이 세상에서의 수고를 모두 마치고 떠나가시니 괴로움과 슬픔이 없는 하늘나라에서 평안과 기쁨의 삶을 사시기를 하나님께 기도드립니다.

양정숙 수필가에 대한 회고

　양정숙 선생님께서 갑자기 세상을 떠나셨다는 날벼락 같은 소식에 저 역시 너무나 큰 충격을 받았으며 황망하고 슬픈 마음을 금할 수가 없습니다. 저는 양정숙 수필가와는 예전에 한국일보 문학교실에서 함께 공부했으며 한국『문예운동』을 통한 등단 동기이기도 합니다. 공교롭게도 생일도 같습니다. 미동부한인문인협회와 국제PEN 회원으로 오랫동안 문학 활동을 해온 동료이자 문우입니다. 경주에서 있었던 국제PEN 세계대회에도 문학적 사유의 영역을 넓히기 위한 미 서부 여행에도 문우들과 함께 참여했습니다. 양 선생님께서는 "내게 문학은 시공을 초월한 그리움의 연서와도 같다. 아픔까지도 관조하듯 써 내려가야 하는 수필은 어머니 품속 같은 무한한 사랑과 사유 깊은 인내가 깃든 '몸말' 같은 행위인지도 모른다. 아직도 내 글에는 쌉싸름한 통증 같은 허기가 나를 재촉한다. 모국을 떠나온 디아스포라의 삶은 연어와 같은 모천회귀를 갈망하던 시간들도 녹아있다."라고 했습니다. 또한 "쓸수록 어려워지고 있는 수필에게 나는 하심의 자세로 다가간다. 무엇을 쓸 것인가, 독자에게 감동과 여운을 주는 좋은 수필 한 편 남기고 싶다. 문체만으로도 누구의 글인지 가늠할 수 있는…."이라고 소망하셨는데, 2014년 60편이 수록된 첫 수필집 『마음 밭에 뛰노는 빗소리』에 좋은 작품들이 많아 2015년 원종린수필문학상을 수상하셨습니다. 2016년 『수필시대』 1~2월호에 기획특집 이달의 화제작가로 선정되어 「바위에게 길을 묻다」, 「영동에 가면」, 「카디날 새」 등 5편의 수필이 게재되기도 했습니다. 미동부한인문인협회에서 임원으로, 이사로, 회장으로 여러 해 동인 사랑과 열정으로 봉사하셨습니다. 바쁜 와중에도 한미사진가협회 회원으로 사진작품전에 참여하는 등 사진작가로도 열심히 활동하셨습니다. 제가 아내와 전시장에 가서 양 선생님의 사진작품들을 감상하기도 했습니다. 양정숙 수필가는 일상생활에서 만나는 인간과 동식물, 무생물인 바위에서조차 주제를 끌어내어 독자에게 은은한 감동을 주는 아름다운 수필을 써오셨습니다. 「영동에 가면」이라는 글을 읽으면 그루터기인 고향에 대한 사랑을 느낄 수 있습니다. 「오금뜨개(친구)」라는 글을 통해 유년시절의 순박한 동심을 유지하려는 마음을 엿볼 수 있습니다. 「라마」라는 글을 통해 가족의 사랑을 느낄 수 있습니다. 「마음 밭에 뛰노는 빗소리」라는 제목의 수필에서는 "빗소리는 무심코 듣기만 해도 정겹게 들려온다. 더욱이 잠결에 어렴풋이 들려오는 가랑비 내리는 소리는 오랫동안 소식 놓고 지낸 허물없는 친구의 예고 없는 방문처럼 살가운 정서가 꿈결에 실려 몸 구석구석까지 파고든다."라고 했습니다. 자연적인 빗소리를 듣고 정겹게 느낌으로 순수한 정서를 되살리는 서정성이 나타나는 아름다운 표현입니다. 앞으로도 수많은 좋은 글들이 기대되는데 아쉽기 그지없습니다. 양 선생님은 세상에서 제일가는 남편 유윤국 선생님과 자랑스러운 자녀들을 두셨습니다. 이 세상에서의 모든 수고를 마치셨으니 고통과 슬픔이 없는 하늘나라에서 안식하시리라 믿습니다. 슬픔을 당한 유가족께도 하나님의 위로와 평강이 함께하시기를 기도합니다.

이춘희 작가 출판기념회에

 존경하는 이춘희 시인이자 수필가의 시집 『지금이 그리워지는 어느 날』, 수필집 『무성한 떨림』 출판기념회에서 축하의 말씀을 드리게 됨을 영광으로 생각합니다. 글도 잘 쓰시고 미동부한인문인협회에서 봉사도 많이 하셨습니다. 책을 출간하지 않아 제가 책을 내시라고 여러 번 권유하기도 했습니다. 이번에 출판하신 시집과 수필집을 읽으면서 저는 놀라움, 충격, 감동, 감탄으로 가슴이 뛰었으며 행복했습니다. 느낀 바를 말씀드리겠습니다.

 첫째, 이춘희 작가는 되풀이되는 하루하루를 예사롭게 여기지 않고 경이와 환희로 맞이합니다. 「새벽」이라는 시에서 "죽어가는 불씨에 모여 어둠이 움트고 자라나는 경이로운 새벽이여 문득 밖으로 뛰쳐나가 닿아본 적 없는 우주의 빛 스며드는 이름 모를 꽃나무에 입맞춤한다"라고 노래했습니다.

 둘째, 자연과 계절을 사랑하고 상상하는 이미지를 글로 형상화하는 능력이 뛰어납니다. 「설산에 오르다」라는 시에서 "산속의 산 첫

발을 내딛고 그리움이 툭툭 떨어지는 우리는 별에 묶인다 시작도 끝도 없는 이곳의 겨울 지구의 영역 안으로 떨어지는 투명한 빛 침묵만이 존재하는 만년설로 뒤덮인 이 산속에서 다시 태어난다"라 했습니다. 아무나 할 수 없는 멋진 표현이 아닐 수 없습니다.

셋째. 올바르게 살려는 뜻을 세우고 삶을 통해 묵묵히 실천해 오고 있습니다.「무성한 떨림」이라는 시에서 "이 세상에 시든 낙엽보다 더 희미한 자막으로 그리는 맨 가지의 무성한 떨림 영원히 사라지기 전에 온전히 살고자 하는 열망 수많은 길을 불태웁니다 모든 죽음의 비밀이 다시 쌓인 곳 가을바람에 우리의 영혼이 날게 하소서"라고 기원했습니다.

넷째, 영적 성숙과 삶의 본질을 끊임없이 추구합니다.「절망을 노래하며」라는 시에서는 "모든 갈망, 그리움 조금씩 삭여가며 보이지 않는 날을 위해 안으로 안으로 깊어만 간다 내 존재에 더 가까운 노래 당신, 가을이여!"라고 독백했습니다.

다섯째, 마음이 순수한 소녀 같고, 사물을 인지하고 나서 연상하고 사유하여 글로 표현하는 능력이 탁월합니다.「알라스카를 다녀와서」라는 수필에서 "한밤중에 창문으로 내다본 백야의 여름 하늘, 퇴색된 가게의 지붕 위를 환히 비추고 있었다. 눈물 나도록 아름다웠다. 불현듯 석양에 발갛게 물든 옷가지들이 펄럭이던 유년의 집마당이 떠올랐다. 그때의 그 따스하고 순수한 곳으로 나는 되돌아가고 있었다. 우리는 생명을 추구하는 이 모든 것들과 함께 어쩌면 이미 낙원에서 살고 있는지도 모른다는 생각이 들었다."라고 했습니다.

여섯째, 작은 선행을 소중하게 여기고 음악과 미술에도 조예가 깊습니다. 「친절」이라는 수필에서 "인간을 변화시키는 가장 큰 힘은 거대한 그 무엇이 아니라 조금만 더 친절한 것에 있다. 한 사람의 사소한 친절이 하루를 행복하게 만들기도 하고 한 사람의 인생을 바꾸기도 한다. 인간의 선함만큼 고귀하고 아름다운 것이 또 어디 있을까."라고 했습니다.

일곱째, 풍부한 독서, 학문의 탐구와 폭넓은 사유로 독자에게 다양한 지식과 깨우침을 갖게 합니다. 「우리는 서로의 일부이다」라는 수필에서는 "미국의 가장 위대한 사상가이자 작가 중 한 명인 제임스 볼드윈(James Baldwin)은 '우리 각자는 영원히 무기력하고, 여성 속에 남성, 남성 속에 여성, 검은색 속에 흰색, 흰색 속에 검은색을 포함하고 있다. 우리는 서로의 일부이다'라는 멋진 말을 남겼다."라고 적절한 인용을 했습니다.

여덟째, 현실에 안주하지 않고 꿈을 실현하려고 꾸준히 도전합니다. 「나의 사진첩」이라는 수필에서 "장성한 아이들이 집을 떠난 후 허전함을 메꾸기 위해 늦은 나이에 대학원생이 되었다. 4년의 힘든 과정을 제대로 마칠 수 있었던 것에 감사한다. 배려 깊은 남편의 힘이 컸었다. 졸업 후 데이케어센터에서 치매 환자들을 돌보는 일을 하게 되었다. 자신이 누구인지도 모른 채 살아가는 노인들은 나에게 깊은 영성체험을 할 수 있게 해주었다."라고 했습니다.

책을 읽고 나서 이춘희 작가를 더 잘 알게 되었고 더 친근해진 느낌이 듭니다. 앞으로 많은 독자들이 성원하시리라 믿습니다. 시집과 수필집을 내시느라 고난의 시간을 보내신 이춘희 시인, 수필가께 감사와 축하의 박수를 보냅니다. 격려하고 도우신 부군 이승우 선배님께도 감사와 축하의 말씀을 드립니다. 감사합니다.

황미광 시인 출판기념회에

　황미광 시인의 시집 『너의 잎새가 되고 싶다』 출판기념회에서 축하의 말씀을 드리게 됨을 기쁘게 생각합니다.
　황 시인은 남편이신 하봉호 사장과 함께 사업도 하고 신앙생활과 사회봉사로 바쁜 가운데도 틈틈이 글을 써서 『지금 나는 마취 중이다』라는 시집을 여러 해 전에 출간한 바 있습니다. 그 후 여러 문학지에 시를 게재해 왔습니다.
　저는 이번에 출간하신 『너의 잎새가 되고 싶다』라는 디카시집을 받은 그날 다 읽었습니다. 처음에는 일부 시들은 너무 함축적이라 저도 이해가 잘 안되었으나 다시 읽고 읽을수록 맛과 멋을 느끼게 되는 아름다운 시들임을 알게 되었습니다. 다음의 시들을 통해 황 시인에 대해 더 잘 이해하게 됐습니다.
　첫째, 「너의 잎새가 되고 싶다」라는 시에서 "누가/만들어 놓았나/나도 너의/마지막 잎새가 되고 싶다"라고 했습니다. 오 헨리의 『마지막 잎새』라는 단편소설 내용대로 절망적인 사람에게 희망을 갖게 하고 싶은 황 시인의 평소의 소망을 엿볼 수 있습니다.

둘째, 「해는 져서 어두운데」라는 시에서 "공을 잃었다/이름까지 써 두었는데/어둡고 추운 골프장에/작은 너를 두고 간다/미안해"라고 했습니다. 골프 구력이 오래되지 않은 사람이 공을 잃어버리는 것은 흔한 일이라 황 시인도 공깨나 잃어버렸을 것이라고 생각하고 저는 처음에 웃었습니다. 흔히 지나쳐 버릴 수 있는 작은 것도 사랑의 눈으로 사물을 보는 시인의 마음을 읽었습니다. 다시 읽고 나서 자신의 무관심과 소홀함으로 돌보지 못했을지도 모르는 주위의 약한 사람에 대한 미안한 마음을 표현한 시로 느꼈습니다.

셋째, 「아, 대한민국」이라는 시에서 "들리지 않는가/떨리는 목소리/보이지 않는가/뜨거운 눈시울/우린 늘 그랬다"라고 했습니다. 이 시는 대한민국 음악제에 참석하여 촬영한 사진과 함께 이 음악을 들은 우리 해외동포들의 애국의 심정을 너무나 잘 표현했습니다.

넷째, 불효라는 제목의 시에서 "아버님이 세운 학교/살아생전 함께 못 와보고/내 나이 단풍들 때/홀로 찾아왔네"라고 했습니다. 시인의 부친께서 전북 익산군 여산면에 있는 여산중학교를 설립하셨는데, 아버님 생전에 함께 못 온 회한을 노래한 시로서 시인의 아버님에 대한 효심을 알 수 있습니다.

마지막으로 「선물」이라는 시에서 "불쑥 나타난/바닷가 무인서재처럼/산다는 것은 축복/내 발길을 잡았다면/그게 선물이다"라고 했습니다. 황 시인은 긍정적이요 낙관적인 사람임을 알 수 있습니다.

우리가 사랑하는 황미광 시인께서 앞으로도 더 많은 글을 통해 선물로 받은 삶을 노래하시기를 바랍니다. 앞날에도 신의 축복이 함께하시기를 빌며 축사에 갈음합니다.

찬양대원으로 받는 은혜

　군 복무 시절에 나의 부대가 최전방인 지오피(GOP) 지역을 담당했다. 나는 연대 인사과에 근무하여 철책선에서 가장 멀리 떨어진 곳에서 행정업무를 수행했다. 일과를 마치고 저녁식사 후에 간혹 군종과에 들러 군종요원의 인도로 성경 구절을 공부하고 찬송가를 함께 부르기도 했다. 이때 배운 찬송가가 「주 안에 있는 나에게」, 「죄짐 맡은 우리 구주」, 「주의 친절한 팔에 안기세」, 「저 높은 곳을 향하여」, 「빈 들에 마른 풀같이」, 「죄에서 자유를 얻게 함은」 등등이다. 찬송을 부르면 마음을 열어 성경 말씀을 받아들이고 믿음이 깊어지며 마음이 평온해졌다. 어쩌다 외출할 때는 민간인 출입 통제선 북쪽에 위치한 마을 옆길을 지나가게 되는데 작은 교회에서 부르는 여성들의 찬송가가 천사의 소리처럼 아름답게 들렸다. 이때 받은 찬송가의 좋은 이미지가 먼 훗날 내가 찬양대에 가입하는 데 영향을 끼쳤다.
　제대 후에 교회에 다녔고 결혼하기 전에 아내를 내가 다니는 교회로 인도하여 함께 다녔다. 미국에 온 후에는 온 가족이 모두 교회에 열심히 다녔다. 친교부장으로 3년 교회 봉사를 한 후에 봉사부장으로 바쁜 가운데도 1부 호산나 찬양대에 가입했다. 첫날 찬양대원 중 한 분이 찬양대 쉽지 않다며 얼마나 오래 하는지 두고 보자고 농담 반 진담 반의 소리를 하기에 웃어넘겼다. 나에게 그렇게 말한 분은 2주 후부터 우리 교회에 다니지 않았다. 노래를 잘 부르지도 못하는 내가 찬양대원이 된 것은 찬송가를 자주 부르며 하나님의 은혜를 더욱 체험하기 위해서였다. 찬양대원으로 찬양곡을 자주 부르다 보니 소리는 들리지 않지만 평소에도 찬송가를 부르는 것과 같이 느낄 때가 많아 은혜가 된다. 감리교의 창시자인 존 웨슬리(John Wesley)는 "만 개의 입이 내게 있어도 내 위대한 구세주를 찬양하기에 넉넉지 못하리라. 찬송은 기도에 버금가는 하늘을 향해 나아가는 전위대다."라고 했다.

강산이 두 번이나 바뀔 만한 세월 동안 찬양대원으로 봉사하는 것도 보기만큼 쉬운 일은 아니다. 처음 얼마 동안은 연습시간에 지휘자의 지시를 잘못 듣고 나만 악보의 다른 부분을 노래하기도 하고, 소프라노 파트가 불러야 하는 부분을 나도 불러 고참 대원의 지적을 당하기도 했다. 요즈음도 예배 전 찬양 연습과 예배 후 찬양 연습에 참여하여 정성을 다해 연습한다. 예배 시 단 위에서 찬양 부른 후에는 기쁘기도 하고 더 잘 부르지 못한 아쉬움이 남는다. 개인적으로 토요일 야간 모임에 참석해서도 주일 새벽에 일어나 찬양 연습하러 가야 하므로 일찍 자리를 뜨곤 했다. 주일 새벽에는 찬양대 연습시간에 늦지 않게 가야한다는 긴장감 때문인지 너무 일찍 일어난 날이 많다. 다음은 「찬양대원」이라는 제목의 나의 시이다.

주일마다/동이 트기 전에 일어나/새벽을 헤치며 교회에 가네//찬양대실에서 연습하여/예배 때 부를 곡을 보니/제대로 부를지 자신이 없네//화음을 맞추어/열심으로 연습하겠으니/예배 찬양할 때/부르는 사람이나 듣는 사람이 모두/감동되게 해 주십사고 기도하네//지휘자의 열성적인 가르침에 따라/연습에 몰두하니/곡을 익혀 부를 수 있을 것 같네//예배당으로 자리를 옮겨/시작 전까지/소리 내지 않고 마음속으로/오늘의 찬양곡을 불러보네//예배가 시작되고/찬양대 일원으로 단 위에 올라/찬양곡을 정성을 다해 부르네//대원들과 함께 나의 실력 이상으로/찬송을 부르게 하신 은혜에/감사하며 기뻐하네//겸손한 마음으로/하나님을 신뢰하고 예배드리니/내 영혼에 평화가 가득하네

크리스마스 선물

어릴 적에 크리스마스 아침에 일어나면 산타클로스가 놓고 간 선물 포장지를 뜯으며 가슴 설레며 즐거워했다. 오랜 세월이 지나 두 딸이 어렸을 적에 하얀 거짓말을 믿고 성탄절 아침에 일어나 산타가 두고 간 선물을 보며 기뻐하는 모습을 보니 나도 즐거웠다. 약 3년은 산타의 선물이라는 말이 통했다. 어느 날 온 가족이 내가 운전하는 차를 타고 맨해튼 거리를 지나게 되었다. 큰딸이 성탄절 선물 포장지에 있는 이름과 같은 장난감 회사 빌딩 사인을 보고 반가워하더니 이내 의문을 품고 얼마 후 진실을 알게 되었다.

주는 사람의 마음이 담긴 선물은 작은 것이라도 받는 사람을 즐겁게 한다. 다음은 「선물」이라는 제목의 나의 졸시이다.

새벽기도회에서 한 교우가/포장지로 싼 선물을/내게 주고 갔다/무엇일까?/가슴이 두근거린다//집에 와 포장지를 벗기니/터질 것 같은/연시 둘/입에서 사르르 녹는다//작은 것을 선물로 받으니/별 부담이 없고/마

음의 선물을/받은 것 같아 기쁘다//감사하며 축복한다/주는 자에게/복이 있게 하소서

  선물을 받는 것은 기쁜 일이다. 누구나 선물을 받으면 웃는다. 선물을 주는 사람도 웃게 된다. 선물을 주는 것은 사랑을 베푸는 행위이며 보람된 일이다. 평소 선물을 안 하던 사람도 성탄절을 맞아 작은 선물이라도 이웃에게 주려 한다. "너희는 서로 사랑하라."라는 예수님의 말씀을 실천하려는 듯하다.

  내가 만 3년의 군복무를 하던 강원도 철원은 겨울에는 온도가 매우 낮은 지역이다. 크리스마스 무렵에는 매섭게 추웠다. 날씨가 추우면 "크리스마스가 가까우니 날씨가 춥다."라며 농담하며 웃곤 했다. 청춘의 열정으로 추위를 견뎌냈다. 그 시절 후방에 있는 학생들이 보내온 위문품을 받았다. 위문품 상자에는 칫솔, 치약, 초코파이, 캔디, 볼펜 등이 들어 있었다. 위문품과 함께 위문편지에 실은 학생의 따뜻한 마음을 느끼고 흐뭇해했다. 한 동료 병사는 초등학교 여교사의 위문편지를 받고 답장을 하며 편지를 몇 통 주고받더니 그녀가 전방부대까지 면회 온 일도 있었다.

  우리 교회에는 성탄절을 맞이하여 매해 성가대원들에게는 꿀 한 병씩, 주차장 봉사자들에게는 목도리 하나씩 선물하는 장로님이 있다. 요양원에 입원한 분들을 방문하여 기도해 주시는 분들도 있다. 적은 금액이지만 남모르게 어려운 이웃에게 도움의 손길을 내어주는 분들도 있다. 신문에 광고를 내어 우울한 분들에게 우울증

이나 강박관념을 관리하는 심리적 치료에 대해 전문가를 강사로 모시고 이틀 동안 강좌를 개최하는 장로님도 있다. 이 모두 실천에 옮기기는 쉽지 않은 이웃 사랑이요, 좋은 성탄절 선물이 아닐 수 없다.

 한 해를 보내며 생각하니 내게 사랑을 베푼 사람들이 많다. 모든 분들께 감사한다. 낯선 곳에 가서 지나가는 이에게 찾는 곳을 물어보았을 때 가던 걸음을 멈추고 친절하게 알려준 사람들에게도 감사한다. 가까이서 부족한 나를 넉넉한 사랑으로 이해하고 격려해 주신 분들께도 감사한다. 성탄절을 앞두고 몇몇 사람들에게라도 작은 선물을 마련하려 한다. 선물을 받은 분이 물건으로 답례할 필요는 없다. 마음으로 기뻐하면 충분하다. 날씨가 춥다. 스산한 거리를 사람들이 바삐 지나간다. 추울수록 사람들은 움츠러든다. 몸이 아파 병원이나 재활원에 입원 중인 사람들에게는 찾아가 짧은 시간이라도 함께 있는 것만으로도 위로와 격려가 된다. 따뜻한 사랑의 마음이 움츠린 가슴을 펴게 한다.

하나님의 은혜

저는 2남 2녀의 막내로 태어나 아버지는 두 살 때 여의고 어머니의 보살핌만 받고 자랐습니다. 집안 형편이 어려웠고 아버지가 있으면 좋겠다고 홀로 울기도 했습니다. 어머니가 교복도 깨끗하게 자주 다려 주시어 용모가 단정해 보였고 제 성격이 명랑한 편이라 학교 친구들은 저희 집이 가난하다는 사실을 몰랐습니다. 할아버지는 경기도 광주에서 양조장을 경영하셨으나 저는 본 적도 없는 작은아버지가 공산주의자로 월북을 하여 그 여파로 집안이 망했습니다. 할아버지가 돌아가신 후에도 땅이 많이 있었으나 재산을 예기치 않은 일로 모두 날려버렸습니다. 육군사관학교를 가려 했으나 삼촌이 월북자라 안 된다는 사실을 고교 3학년 2학기에서나 알게 되어 크게 실망했습니다. 자유민주주의 국가인 한국에서 지금까지 교육을 받아왔는데 연좌제로 저의 앞길을 제한한다는 것은 부당하다고 생각했습니다. 공직자로 나가기도 어렵겠다고 지레짐작하니 심적으로 위축됐고 흔들렸습니다.

제가 군 복무를 할 때 하나님을 믿게 되었습니다. 한국에서 제일 춥다는 강원도 철원 문혜리에 주둔한 6사단 2연대 인사과에서 근무했습니다. 낮에는 사무실에서 행정업무를 하여 육체적으로 힘들지는 않았으나 일과 후에는 고참병들이 군기 잡는다고 겨울에도 팬티 바람에 단체로 집합시켜 언 땅에 엎드려뻗쳐 시키고 5파운드 곡괭이 자루로 엉덩이에 빠따를 쳐서 내무생활이 힘들었습니다. 밤에 연대 후문 보초를 서면서 수많은 별들이 반짝이는 하늘을 보니 신비스러웠습니다. 우주를 운행하시는 하나님을 생각했습니다. 그 후 영내에 용문교회가 건립되어 간혹 교회에 갔으나 고참들 눈치가 보여 자주 가지 못했습니다. 연대가 화지리 북쪽으로 이동하여 철책선 GOP 지역을 맡게 되었습니다. 어느 날 후방에서 목사님들이 오셔서 야전세례식을 할 때 연병장 맨땅에 무릎 꿇고서 세례를 받았습니다. 고참병이 되어 일과 후에 간혹 군종과 사무실에 들러 성경말씀을 듣고 찬송가도 불렀습니다. 그때 배운 찬송가가 「주 안에 있는 나에게」, 「태산을 넘어 험곡에 가도」, 「죄짐 맡은 우리 구주」, 「주의 친절한 팔에 안기세」 등등입니다. 주일 외출 때 민간인 출입 통제 구역 안에 있는 동네 작은 교회에서 흘러나오는 여성들이 부르는 찬송가가 너무나 아름다웠으며 천사의 소리로 들렸습니다. 하나님께서 저에게 기회를 주시어 제가 내무반장이 되어 빠따를 치는 악습을 없애고, 신참들에게만 시키던 야간 불침번과 동초를 저를 포함한 모든 고참병들에게도 교대로 하게 했습니다.

제대 후 복학하여 공부를 열심히 했고 아르바이트로 중3 학생을 가르치느라 바빠서 매주 가지는 못했으나 교회에 다녔습니다. 졸업 후 회사 다니면서 주일에는 교회 예배에 참석했습니다. 결혼 전에 지금의 아내와 함께 주일에 교회에 가서 예배드렸습니다.

상사 주재원으로 미국에 온 후에는 어머니와 아내, 어린 두 딸, 온 가족이 교회에 다니며 신앙생활을 했습니다. 교회 봉사를 통해 저를 낮추고 이웃을 섬기게 되었습니다. 그리스도를 제대로 믿기 전의 삶은 열심히 일을 해서 돈을 많이 벌겠다는 욕망이 강했습니다. 그로 인해 스트레스가 심해 가족에게 좀 더 따뜻한 사랑으로 대하지 못해 아직도 미안한 생각을 갖고 있습니다.

신앙생활을 오래 하는 데도 시련이 왔습니다. 한국에서 상당한 재산을 친척 여동생 남편한테 맡기고 관리하게 했는데 이 사람이 전부 횡령했습니다. 이 사실을 한국 출장 시 확인하고 나서 형사고발하여 감옥에 보낼 수 있는 사안이었으나 인정상 그럴 수 없었습니다. 뉴욕으로 오는 비행기 안에서 눈물이 많이 쏟아졌습니다. 아내가 그 사람을 믿어도 되냐고 전에 몇 번 말할 때마다 그 친척 여동생 부부를 못 믿으면 누구를 믿어 하고 제가 퉁명스럽게 말하곤 했는데 아내한테 너무나 미안했습니다. 억울한 생각을 하면 아랫배로부터 분노가 치밀어 올라 화병으로 죽는다는 말이 실감이 났습니다. 예수님께서 원수를 사랑하라 하셨는데 그것이 나에게 해를 끼친 사람을 위해서가 아니라 나 자신을 위한 말씀이라는 것을 깨달았습니다. 그 후 새벽기도회도 더 열심히 나갔고 교회 봉사활동도 더 많이 했습니다. 주일 새벽에 집에서 "오늘 교회에서 예배 잘 드리고 부서 일을 원활하게 할 수 있도록 주님께서 도와주십시오."라고 간절히 기도드리고 교회에 오곤 했습니다. 기쁜 마음으로 이웃을 섬기는 마음으로 일했지만 쉽지 않은 여러 부서에서 일을 할 수 있었던 것은 하나님께서 도와주셨기 때문입니다. 교회 밖 모임에서도 작은 것이라도 봉사할 것이 없는지 살펴보고 이웃을 섬기게 되었습니다. 크리스천으로서 믿음이 깊어질수록 긍정적이고 적극적이고 낙관적으로 변하는 저 자신을 발견했습니다. 이웃에 대해서도 있는 그대로 이해하고 용납하게 되었습니다. 제가 글을 써 보니 글쓰기가 쉽지 않고 사람들 앞에서 말해보니 대중 앞에서 말하기도 어려운 것임을 알게 됐습니다. 목사님께서 설교말씀을 준비하고 단 위에서 말씀하시는 것이 결코 쉽지 않음도 잘 알게 됐습니다. 노래도 잘 못하는 사람이 찬양대에서 있다 보니 찬양을 부르지 않는 평소에도 뇌파가 찬양할 때와 같이 움직이는지 제가 속으로 찬양곡을 부르는 것을 듣는 것 같은 상태에 있을 때가 있습니다. 돌이켜 보니 하나님으로부터 받은 은혜가 많습니다. 제가 길을 잃고 헤맬 때 주님께서 바른 길로 인도해 주셨습니다.

고생 많으셨던 어머니가 미국에서 102세까지 장수하시고 천국으로 가신 것과 제가 한국에 있을 때보다 교회 열심히 다니며 신앙생활을 하게 된 것은 하나님의 축복이었습니다. 저희 부부의 건강도 지켜 주시고 두 딸도 고교 졸업할 때까지 우리 교회에 다니게 하셨고 어엿하게 독립적으로 자립할 수 있게 해 주셨습니다. 주님에 대한 굳건한 믿음의 바탕 위에서 안일과 나태에서 벗어나 제 자신이 날마다 되돌아보고 새로워져서 주님께 한 걸음, 한 걸음 나아가는 삶을 살려 합니다. 순수한 감성으로 보니 산책길에 만나는 꽃, 나무, 새 등 주님이 만드신 자연이 아름다워 감탄하고 행복한 웃음을 짓습니다.

작품 평설

윤관호의 이민 문학과 인생 서사의 통섭

_박양근(문학평론가, 부경대 명예교수)

윤관호의 이민 문학과 인생 서사의 통섭

박양근(문학평론가, 부경대 명예교수)

열면서

수필은 작가가 기록하는 자서전이다, 여기에는 어떠한 삶을 거쳤으며 지금 현재 그것을 어떻게 기억하며 여생을 무엇을 위해 살아갈 것인가를 말한다. 자신이 거쳐 온 사회 환경과 지금의 상황을 솔직하게 반추하는 수필은 개인사이면서 사회문화의 기록물이기도 하다.

만일 작가가 미국으로 이민하여 정착했다면 이주자로서의 디아스포라와 아메리칸드림을 이룬 삶의 역정도 보여준다. 파란만장한 시련과 타 인종과 더불어 살아온 문화적 차이와 가족 간의 세대적 갈등도 빠뜨리지 않는다. 문장마다 매순간 스쳐간 갖가지 감정이 인생의 문양을 이루는 것이다.

윤관호 수필가는 한국 이민사를 자신의 삶으로 직조하는 재미교포 작가다. 그는 1985년도에 회사 주재원으로 미국에 건너온 후 섬유 무역업과 부동산 중개업에 종사하면서 기반을 이루었지만 그

고초는 당사자만이 감내해야 했다. 기독교 신앙으로 이민 생활의 어려움을 간증했다는 사실을 들으면 더욱 절절하게 그 시절을 짐작할 수 있다. 그런 가운데서도 교민들과 희비를 공유하는 생활을 실천한 결과 그의 주변에 많은 지인과 우인들이 모여들었다. 하나님의 은혜로 다복한 가정도 이루었고 시인과 수필가로 등단하여 한국과 유대를 잇는 안내자 역할도 수행한다.

2025년에 상재한 첫 수필집 『뉴욕시 수선화』는 개인의 체험록이면서 한국 이민의 현주소를 기록한 칼럼의 성격을 지닌다. 다인종 미국에서 담당해야 할 역할과 미국을 이해하는 데 필요한 역사와 자연을 소개하여 체험적인 문화를 펼쳐낸다. 무엇보다 인격적으로 경제적으로 안정기에 접어든 교포들의 삶을 있는 그대로 대변한다는 점에서 이민 1세대를 한국에 소개하는 소중한 문헌으로 평가할 만하다.

1. 신앙으로 풀어내는 이민 서사

윤관호에게는 두 자아가 공존한다. 하나는 미국에 정착한 한인교포라는 신원이며 다른 하나는 그 형성을 글로 남기려는 작가의식이다. 전자는 주어진 현실을 헤쳐가야만 하는 이민자이자 미국 시민이라면 후자는 자신을 등불로 밝혀 어떻게 하면 미국 사회에서 잘 살아갈 수 있는가를 보여주는 역할을 한다.

그는 시종 사마리아인의 가르침을 실생활에서 실천해 오고 있다.

요약하면 범애주의적인 봉사와 모든 것을 하나님의 은총으로 돌리는 신앙심이다. 신앙이 바탕이 된 생활신조가 디아스포라의 근면과 겸손과 희생을 가능하게 해준다. 청교도의 관점으로 해석할 수 있는 첫 작품은 "시작을 잘하면 반을 이룬 것과 같다"는 주제를 세운 「새해와 시작」이다. 이 작품은 어느 한 해의 시작이 아니라 일생에 걸쳐 어떤 계획을 세우고 어떻게 실천하는가를 그려낸다. 이웃에게 먼저 따뜻한 말을 건네고, 상대방의 말을 경청하고, 사랑을 베푸는 가운데 책을 읽고 글을 쓰는 영적인 생활을 실천하겠다는 결심이 그것이다.

그가 세우는 새해 계획은 구약성서 욥기에 바탕을 두므로 사랑과 친절이 행복한 인생의 조건이라고 확신한다. 수필을 통해 제시하는 사랑의 정의도 거창하지 않다. 먼저 미소를 짓고 자주 인사를 하고 친절의 손을 내미는 것임을 작가는 거듭 「사랑의 친교」에서 강조되고 있다.

윤관호는 자신이 이루어낸 결실과 성공이 개인적 노력의 소산이 아니라 신의 선물이라고 믿는다. 하나님이 베푼 사랑과 은총을 풀이해 주는 '선물'이라는 단어에는 작가의 겸손이 담겨있다. 어린 시절 성탄절 때 선물을 받았던 기쁨을 적은 「크리스마스 선물」이 어른이 되어서는 가족과 이웃에게 베푸는 보은으로 승화된 점에서 과거의 회상과 현재의 나눔을 결속한 기법이 돋보인다.

선물을 받는 것은 기쁜 일이다. 누구나 선물을 받으면 웃는다. 선물을 주는 사람도 웃게 된다. 선물을 주는 것은 사랑을 베푸는 행위이며 보람된 일이다. 평소 선물을 안 하던 사람도 성탄절을 맞아 작은 선물이라도 이웃에게 주려 한다. "너희는 서로 사랑하라."라는 예수님의 말씀을 실천하려는 듯하다.

「크리스마스 선물」 중에서

작가는 무엇보다 예수님의 말씀을 실천하는 것을 선물로 간주한다. 기독교의 사랑과 복음을 주위에 나누는 것이 선물이라는 믿음에서 살펴보면 그에게는 사랑, 감사, 선물, 예수님의 가르침이 서로 일치한다.

나눔을 구현한 작품으로 「범사 감사」를 들 수 있다. 줄거리는 친구 부부에게 베푼 나들이에 대한 보답으로 받은 액자의 붓글씨가 "범사 감사"라는 내용이다. 이 문구는 성경에 나오는 "범사에 감사하라."라는 가르침을 적은 것으로 감사하는 마음을 일상화한다는 뜻이다. 부모와 자식 간의 사랑, 이웃 간에 주고받는 위로도 감사의 실천에 속한다. 나아가 인간관계는 베풂과 갚음이라는 관계망으로 이루어진다는 점을 거듭 강조하고 있다.

윤관호가 받은 선물 중 가장 감동적인 때는 언제일까. 말할 필요가 없이 인연과 사랑으로 이루어진 가족이다. 디아스포라의 온전한 정착이 자녀를 낳아 가족의 뿌리를 내리는 것이라면 그에게는 자랑스러운 두 딸이 있다. 장녀는 가정과 가족을 이루어 이민 1세대의 꿈을 이어받았다면 둘째 딸은 유나이티드 항공회사의 조종사가 되어 아메리칸드림이라는 여성상을 구현하였다. 「작은딸의 꿈의 여정」은 딸이 정규 조종사가 되어 처음으로 한국행 비행기를 조종할 때 보잉787에 탑승한 꿈같은 감격을 그려낸다. 항공사의 배려로 딸을 인터뷰하고 조종실에서 딸과 기념사진을 찍고 호텔 밴을 타고 호텔로 안내받는다. 윤관호의 시대와 자녀의 세대 사이에는 엄연히 사고의 차이가 있지만 나름 각자의 꿈을 이루기 위해 최선을 다한 결실로서 이민 가족이 물려주고 물려받는 귀한 신의 선물이라 표현하여도 지나치지 않다. 마땅히 받아야 할 신의 선물이라는 점에서 작가가 사람들에게 베푼 것에 대한 답례를 딸로부터 받았다고 할 것이다.

　윤관호의 감사 의식의 영역은 매우 넓다. 한국에 있는 일가친척이 미국을 방문하거나 교회가 경로관광을 마련할 때면 내 일처럼 앞장선다. 그가 안내한 사과 농장은 「사과 따기」에서 보여주듯이 아름답고 풍요로운 장소로서 참가자에게 건강과 행복의 시간을 제공해 준다. 가을 단풍철 나들이도 빠질 수 없다. 이러한 이면에는 온갖 고생 끝에 이민의 꿈을 이루었지만 연로하여 세상을 떠나는 교우들의 장례식이 뒤따른다. 이민동지로서 나누어야 할 슬픔조차 신의 섭리로 받아들이는 신앙심은 "범사 감사"의 진정한 의미를 숙고하게 한다는 점에서 한국 독자들에게도 생의 진실을 인식하도록 해준다.

　그 외 다수의 작품도 윤관호의 선물론을 바탕으로 한다. 군 시절에 신앙인이 되었다는 「찬양대원으로 받는 은혜」, 미국에 온 지 17년 만에 어머니에게 노란 장미를, 아내에게는 카드를 선물로 준

「발렌타인 데이」, 나아가 「어머니 사랑해요!」는 노쇠한 어머니의 건강을 염려하는 효심이 담겨있다. 이 작품들은 윤관호의 미국 생활을 편람하기 위해 거쳐야 할 간이역 같은 작품들이다.

윤관호가 살아온 삶은 신앙의 실천이라고 말할 수 있다. 이루어낸 이민자의 삶, 신앙고백과 교회 봉사, 이민사회 선구자로서 담당해 온 역할, 나아가 시와 수필로 재구성하는 문학적 작업은 모두 인격 도약의 서사로 자리한다. 그 점에서 『뉴욕시 수선화』에 실린 작품들은 상호 일관된 서서라는 특징을 지닌다.

2. 자연과 역사에 대한 인문성

인간은 사회적 동물이지만 자연과 더불어 살아간다. 자연이 인간에게 풍요로움과 아름다움과 힐링을 제공하는 만큼 인간도 자연에게 애정과 관심을 기울여야 한다. 에덴의 동산에서 태어난 후 사람은 신이 창조한 자연에서 벗어날 수 없는 점은 사실이다. 이런 논지를 이어받는 윤관호의 자연애에는 기독교적 창조론이 깔려 있으며 자연 존중과 보호라는 현대의 생태주의도 내포한다.

고전적인 자연주의와 현대의 자연론이 그의 수필에서 작동하는 근거는 치유라는 모티프에 있다. 윤관호의 작품 세계에서는 이민자로서 힘겨운 삶을 받쳐준 것이 기독교 신앙심과 자연이 베푼 위로와 안식이 아닐까 싶을 정도로 자연 친화적 수필이 많다. 건강과 생의 활기가 필요한 만년에 다다라서는 새와 꽃과 강과 산을 벗으로 가까이하면서 자연을 지키는 역할을 자임한다.

그 첫 번째 행동이 산책이다. 매일이다시피 주변의 바닷가와 공원을 산책하는 일정은 여유로운 하루를 반영하면서 자연의 치유력으로 문학적 감성을 키워가는 기회가 된다. 자연과 어울려 미국 지형을 감상하고 신의 메시지를 그곳에서 읽는 사색도 빠뜨리지 않는다.

동양적 자연관과 서구적인 자연애가 어울린 「뉴욕시 수선화」는 그의 대표작이다. 이 수필은 격월간 『에세이스트』 2025년 7~8월호에서 등단작으로 선정된 작품으로 뉴욕의 아름다운 풍경과 9·11 테러의 상처를 수선화로 승화시킨 뉴욕 시민의 세계정신을 전달한다. 세계 금융 산업의 중심지답게 증오와 대립을 화해로 이끌어가는 성숙된 시민의식을 제시하는 가운데 명징한 칼럼형 문체와 꽃의 미학을 다듬은 수필의 서정미가 합쳐진 산문으로 평할 만하다.

하지만 뉴욕 주민들은 분노를 삼키고 꽃의 아름다움으로 미래를 향해 상처를 치유하고 사랑으로 인류애를 구현하려 한다. 수선화 사업은 최근에는 9·11 테러 희생자뿐만 아니라 미국에서 제일 많은 코로나19 사망자를 낸 뉴욕시에서 코로나19 희생자도 기리고 있다. 해마다 심는 수선화가 기하급수적으로 늘고 있다. 독립적인 비영리조직인 'New Yorkers for Parks'는 9·11 테러 발생 20주년인 2021년에 수선화 구근 100만 개를 무료로 기증했으며 이제까지 모두 900만 개를 기증했다. 내가 사는 동네에서도 봄철에는 집 안팎에서 수선화가 미소 짓는다. 산책길 언덕에도 수선화가 많아, 나는 이곳을 '수선화 언덕'이라고 부르며 수선화에 대한 시 두 편을 지었다. 교외뿐만 아니라 고층 빌딩이 즐비한 맨해튼 거리 화단에서도 봄에 수선화를 쉽게 볼 수 있다. 2007년 4월 블룸버그

시장은 수선화를 뉴욕시 공식 꽃으로 선정하였다.
「뉴욕시 수선화」 중에서

그의 자연 수필이 지닌 다른 특징은 낭만적인 자연 예찬에서 벗어나 생명체의 보편적 애정을 표현한 생태주의적 시선이다. 이러한 자연관을 담아낸 작품으로 「백조 새 생명의 기적」과 「오클랜드 호수공원의 봄날」을 제시할 만하다. 전자의 작품은 오클랜드 호수에 살고 있는 백조가 알을 낳고 새끼를 부화하는 과정을 지켜보는 내용으로 낯선 땅 미국에서 살아가는 작가 자신을 이입한 구조로 짜인다. "여기가 아기 백조들의 고향이고 백조 가족의 천국이다."라는 은유에는 "머나먼 한국에서 네 살인 큰아이와 한 살인 작은아이를 데리고, 낯선 미국에 와 아이들을 키우고 때로는 다민족 사회에서 문화 충격을 받으며 수십 년을 살아왔다"는 동화감이 강하게 반영되어 있다.

오클랜드 호수는 작가가 즐기는 산책 구역이다. 봄기운이 약동하고 백조가 서식하는 호수를 돌 때마다 "깨끗한 영혼으로 앞으로 나아가는 삶을 살고 싶다"는 소망을 재확인한다. 나아가 수선화, 개나리, 매화 청둥오리와 동네 개구리가 기지개를 켜는 서정을 다룬 「3월은 수줍은 청년」을 읽으면 미국의 산문가인 에머슨이 쓴 「자연론」을 거듭 읽는 듯한 감동을 되살려 준다. 자연으로의 귀환은 농부의 생활은 「텃밭과 꽃밭」으로 이어진다. 뒤뜰에 꽃모종을 심고 갖가지 채소를 가꾸어 이웃에게 나누어 주는 모습은 "뿌린 대로 거두리라."라는 격언답게 자연과 동행하는 모습을 떠오르게 한다.

미국 문화에 대한 그의 관심 분야 또한 다양하다. 자연 감상에서 명상적 친화력을 보여주었다면 미국의 역사, 문화, 언어, 예술 등 분야에서는 공감각적인 지식을 풀어낸다. 미국 시민으로서 교양을 풍기는 모습에서는 노스탤지어와 아메리칸드림의 균형을 찾을 수 있으며 미국 역사와 문화 부분에 남다른 관심을 기울이는 이유는 자신이 그 일부를 이루기 때문이다. 샌프란시스코 금문교 여행, 옐로스톤 국립공원과 데스밸리 국립공원, 시가모어 힐 국립 사적지에서는 자연의 웅혼함을 음미한다. 나아가 「작곡가 스티븐 포스터」에서는 흑인의 고난을, 「세인트 패트릭스 데이」에서 성 패트릭을 각별히 기억하는 것도 평등과 복음이라는 하느님의 부름을 새삼 되돌아보기 위해서다.

문화수필 중에서 「미국 흑인 역사의 달」이 시선을 끈다. 평등은 미국 건국의 소중한 가치 중의 하나다. 노예를 해방시킨 링컨 대통령의 업적은 마틴 루터 킹 목사에게 이어지고 그 이상을 물려받은 작가는 이민자의 공감을 일으키는 수필에서 이렇게 말한다.

2월 흑인 역사의 달을 맞아 뿌리 깊은 인종차별에 맞서 노예해방 운동과 인권운동에 앞장섰던 흑인들의 희생과 헌신적인 투쟁에 머리 숙여 깊은 경의와 감사를 드린다. 미국에 사는 모든 사람들은 아직도 남아있는 인종차별의 잔재들을 없애기 위해 새로운 인식과 지속적인 노력이 요구된다.

「미국 흑인 역사의 달」 중에서

피부색으로 인간을 차별해서는 안 된다는 평등주의는 현대의 모든 국가가 이루어야 할 목표다. 한국도 빠르게 다문화국가로 편입되어 가는 시류를 고려하면 언론에 발표되는 그의 평등의식은 한국사회에 유의미한 문제를 제기한다. 나아가 인간은 종교, 성별, 연령 등으로 차별받지 않아야 한다는 지구촌 이상을 대변한다.

「겨울 산행」은 윤관호의 인생관과 자연관을 접목한 작품이다. 산행은 산책과 달리 자연을 완상하면서 겨울 추위를 이겨내는 나무처럼 내면의 성숙과 더불어 고난을 이겨내야 한다는 인내심을 가르쳐준다. 굴곡진 산길을 인생의 상징으로서 바라본 작가가 읊는 시 구절 "하루하루 감사하며 용기와 도전정신으로 나아가리"는 "눈보라 강추위가 몰려와도 봄을 기다리며 고난을 참고 견디"는 나무의 초상에 일치한다. 이처럼 자연과 삶의 융합은 이민자의 이상이라는 점에서 윤관호의 지적 영역이 얼마나 넓은가를 알 수 있다.

3. 디아스포라의 모국애

인간은 애당초 유랑과 탐색의 존재다. 성장하면 부모로부터 떠나 직장 따라 독립적인 삶을 시작한다. 산업화가 발달할수록 대도시로 이주하거나 타국으로 이민하는 경우가 빈번해진다. 미국에 거주하는 한국 교포는 고향과 일가친척을 떠난 탓에 심리적으로 뿌리 없음을 종종 느낀다. 뉴욕에 수십 년 살고 있는 작가도 이러한 디아스포라 정서에서 벗어날 수 없다.

대한민국이라는 국적을 미국 국적으로 바꾸어 새로운 시민으로 거듭나는 것은 생각 이상으로 심리적 정서적으로 부담감을 준다. 기후와 언어에 적응하는 생활, 음식, 주거뿐만 아니라 쇼핑과 교통에 이르기까지 지켜야 할 규칙과 규정이 한둘이 아니다. 낯섦에서 낯익음으로 나아가는 동안 성공하기도 하고 불운한 일을 겪기도 한다. 그런 가운데 고향을 그리는 향수는 갈수록 늘어가기 마련이다.

윤관호는 디아스포라를 해소하기 위하여 나름의 기회를 갖는다. 모국을 방문하여 떠나온 핏줄과 친구를 찾고 국제문학 행사에 참가하면 소소하지만 의미 있는 여러 곳을 방문하는 일정을 잡는다. 전통적으로 지켜온 명절 풍습과 한국을 기억할 갖가지 음식과 장소를 찾는다. 다녀온 후에는 고국 방문의 소회를 시와 수필로 남겨 디아스포라는 상실감을 서정적으로 감싸안기도 한다.

고국에 대한 그리움을 상기시키고 달래주는 첫 물상이 무궁화다. 한국인보다도 무궁화에 대한 애정은 유별하다고 말할 정도로 민족의 얼로 여기는 그는 대한민국을 '무궁화의 나라'로 부르기도 한다. 외국에 나가면 모두 애국자가 되고 태극기를 보면 눈시울이 뜨거워진다는 말처럼 8월 8일 무궁화의 날이 어떻게 제정되었는가를 알만큼 나라꽃에 대한 애정이 각별하다. 「무궁화 사랑」에서는 "무궁화의 날은 무궁화의 소중함과 겨레사랑, 나라사랑을 고취시키기 위한 기념일"로 풀이한다. 윤관호의 무궁화 이야기는 꽃 모양새를 묘사하는 것이 아니라 인문학적 관점을 바탕으로 한다는 점에서 남다른 서술양식을 가진다.

「식목일 단상」은 중학교에 다닐 때 식목일을 맞아 나무를 심었던 기억으로 시작한다. 한국에 있었을 당시의 민둥산과 달리 모국을 방문했을 때 수목이 우거진 푸른 산을 보고 감격한 순간을 담은 작품이다. 백년 산림 정책을 온난화 위기를 맞아 범세계적인 운동으로 확산시켜야 한다는 견해는 단상 이상으로 에세이로 추구하는 이념으로 발전한다. 그리하여 누구든 1년에 나무 한 그루라도 심는 일에 동참하자는 제안은 『뉴욕시 수선화』에서 소개한 자연 생태계라는 주제에 연결된다.

그의 모국애는 여러 차례의 방문한 체험을 소재로 삼고 있다. 경주 세계한글작가대회에 참석한 「10년 만에 고국 방문」과 청소년 학창 시절의 동기 동창생이 모였던 「양수리」, 수십 년 전에 아내와 함께 갔었던 설악산을 재방문한 「설악산 여행」 등은 「발전된 조국의 모습들」을 중심으로 모여든다. 「발전된 조국의 모습들」은 10일간 지갑을 분실한 일, 동기 동창과 방문한 문학관, 친구와 회포를 푼 북한산 산행, 출판 책, 탑골공원 산책, 직접 목격한 데모 광경, 작가의 글씨가 걸린 친지 집 방문, 고풍스러운 카페 풍경, 세계 한글 작가 대회, 광주 문학관 방문 등 촘촘하게 짜인 일정 따라 이동하면서 개방적이고 친절해진 사회 분위기에 직접 체험한 기행 서사다. 무엇보다 발전된 조국의 모습을 분실했던 지갑을 찾는 것으로 비유한 위트와 착상이 돋보인다. 현재의 한국을 본대로 기술하면서도 진솔한 감동을 덧붙여 기행수필의 전형을 보여주고 있다.

떠나기 전날 강서경찰서에서 보낸 이메일을 보고 잃어버린 지갑을 보관

하고 있다는 사실을 알게 됐다. 떠나는 날이 일요일이기에 김포공항 근처에 있는 카페에서 친절한 유실물 담당자를 만나 잃어버린 돈을 되찾았다. 인천공항으로 가서 뉴욕행 국적기를 탔다. 나의 조국 한국의 눈부시게 발전된 모습을 10일 동안 직접 목격한 뜻깊고 즐거운 여행이었다.

「발전된 조국의 모습들」 중에서

잃어버렸던 지갑을 일요일에 분실물 담당자로부터 받는 친절은 다른 나라에서는 이루어지기 힘들다. 발전 분야가 산업과 경제만이 아니라고 믿는 작가는 한국의 질서의식과 담당자의 친절이 진정한 한국의 발전이라고 흐뭇해한다. 아마 미국에 돌아와 이런 한국의 모습을 자랑했을 것이고 이제는 "나의 조국 한국"이라는 여섯 글자로 요약한다. 한국을 떠난 지 수십 년이 흘러 미국 시민이 되었을지라도 모국을 잊지 못하는 심사가 디아스포라의 본 모습이라고 당당히 말하고 있다.

윤관호의 삶에서 놓칠 수 없는 헤어짐과 해후는 친구의 여동생과의 「기묘한 인연」에서 결정화한다. 그들은 만남과 헤어짐을 되풀이하면서 두 가족들 간의 친교를 맺도록 해주는 것은 신의 섭리 외에 달리 설명할 수가 없다. 모두 인연이 닿아야 다시 만난다는 그의 생각은 "순수한 마음으로 대하고 작은 것이라도 베풀며 살고 싶다"는 그의 인간애가 얼마나 진지한가를 보여준다.

낯선 나라에 살지만 한국의 미풍양속을 잊지 않으려는 작가의 마음은 따스하기만 하다. 「2025년 설날과 입춘에」는 우리의 미덕인 친절과 감사를 바탕으로 하며 '설날행복잔치'에서 어린이들의 합동세배를 다른 교우들과 함께 받고 웃으며 세뱃돈을 준 행사를 소개한다. 「해외에서 한글 글쓰기와 디아스포라」에는 작가로서 한글을 지켜나가려는 작가의 열정이 가득 넘친다.

윤관호의 수필세계는 한국인이라는 긍지와 미국 생활이라는 두 정서로 이루어져 있다. 이것이 그에게 가능한 것은 안정기에 접어든 개인적 환경 덕분일 것이다. 실제 적잖은 이민자들이 한국에서보다 낮은 직업에 종사하여 심적 혼돈을 겪고 자녀와 문화적 차이로 어려움을 겪기도 한다. 이것은 이민 1세대가 감내해야 할 불가피한 요인이다. 그럴수록 무엇보다 작가가 된 것이 생활에 큰 도움이 된다고 말한다.

> 다문화사회에서 지킬 것은 지키고 받아들일 것은 받아들이며 다양한 소재로 글을 쓰고 있다. 틈틈이 글을 쓰는 동안 강박관념에서 벗어나 마음의 여유도 갖게 되고 기쁨도 얻게 된다. 자신의 의식과 정서를 글로 표현하여 신문이나 책에 발표하고 사회관계망(SNS)을 통해 사람들과 나누고 공감대를 형성해 나가는 것은 즐거움이 아닐 수 없다.
> 「해외에서 한글 글쓰기와 디아스포라」 중에서

어느 나라에 살더라도 모국어를 잊지 않는다면 조국애를 지켜나갈 수 있다. 교포들이 노령화하는 추세가 안타깝게 지켜보아야 하는 윤관호는 더욱 한글로 이민 문학을 지키고 자녀들에게 한글을 가르치고 한글로 시와 칼럼과 수필을 발표한다. 그럼으로써 모두 이민자로서 한국의 정체성을 지켜나가는 데 헌신하려 한다.

덧붙이며

윤관호의 이민사는 내적으로는 개척정신과 외적으로는 배려 깊은 친절로 이루어진다. 철학적인 담론이나 종교적 교리보다는 일상 행동으로 삶의 실상을 보여주는 만큼 그의 수필은 남다른 설득과 감동을 지닌다.

첫 수필집 『뉴욕시 수선화』는 디아스포라의 역경을 거친 끝에 이루어낸 달관과 배려의 삶을 담은 작품들로 이루어져 있다. 그러므로 한인교포라는 뿌리 심기를 마무리한 작가의 행로 이면에 가려져 있는 수십 년 동안의 땀도 잊지 말아야 한다. 그 행간 읽기는 한 겨울의 추위를 말없이 이겨내고 봄을 맞아 찬란하게 꽃 피우는 수선화와 다름이 없다고 하겠다.

윤관호의 삶은 한인교포의 이민사를 대변할 만큼 사실적이면서 다채롭다. 그는 자신의 인생을 칼럼의 간결한 문장과 수필의 서사를 합쳐 이민사로 발전시켰다. 무엇보다 수필집의 에필로그에 해당하는 「하나님의 은혜」에서 "제 자신이 날마다 되돌아보고 새로워져서 주님께 한 걸음, 한 걸음 나아가는 삶"을 기원한다는 말처럼 작가로서의 여정을 그칠 수 없다. 이웃을 사랑한다는 소임을 다하여 행복한 한인사회를 꿈꾸는 모습을 비추어주는 거울이 『뉴욕시 수선화』라 하겠다.